W0072465

Eike Pies · Abenteuer Ahnenforschung

Eike Pies

Abenteuer Ahnenforschung

Das praktische Handbuch für Einsteiger und Profis

VERLAG   E. & U. BROCKHAUS · SOLINGEN

© 1994 im VERLAG E. & U. BROCKHAUS · SOLINGEN,
An den Eichen 3a, D-42699 Solingen.
2002 3. unveränderte Auflage.
Alle Rechte, insbesondere des auszugsweisen Nachdrucks, der
Übersetzung und jeglicher – auch fotomechanischer – Wiedergabe
vorbehalten.
Offset-Reproduktionen: Friedrich Brockhaus, Wuppertal.
Druck: CBA-Druckstudio, Solingen.

Vorwort

Sammeln kann man vieles - zum Beispiel Briefmarken, Münzen, Bierdeckel oder Telefonkarten und vieles andere mehr. Man kann aber auch Ahnen sammeln und damit beginnen, die Geschichte seiner Familie zu erforschen. Ein erster Blick in ein einschlägiges Lexikon von Familiennamen wird neugierig machen: Bedeutung und Herkunft vieler Namen - darunter ist meist auch der eigene erwähnt - geben erste Hinweise auf die historischen Wurzeln.

Familienforschung kostet vergleichsweise nicht viel und ist ein besonders schönes und spannendes Hobby, das zahlreiche Erfolgserlebnisse verspricht. Wer erst einmal damit angefangen hat, der wird es mit Leidenschaft betreiben und am Ende mit Stolz auf das Ergebnis zurückblicken: auf seinen Stammbaum, eine lange Liste von Vorfahren, vielleicht auch auf ein altes Familienwappen, das bei der Suche zum Vorschein gekommen ist - oder auf ein neu gestiftetes Wappen, das zum schutzwürdigen Bestandteil seines Familiennamens geworden ist.

Namen und Daten kennzeichnen Personen. Doch zu diesen können wir erst eine innere Beziehung entwickeln, wenn aus ihnen Persönlichkeiten entstehen, die eine eigene Biographie besitzen. Die Kenntnis ihrer Berufe, individuellen Schicksale, Eigenarten, Charaktereigenschaften und Besitzverhältnisse, das Vorhandensein von Bildern, Urkunden und Dokumenten lassen unsere Vorfahren lebendig werden. Und je mehr wir von ihnen wissen, um so näher kommen sie uns. Die einzelnen Biographien fließen zusammen und münden schließlich in die eigene Familienchronik, die den krönenden Abschluß der Ahnenforschung bildet. Dabei werden wir feststellen, daß die Geschichte unserer kleinen Familie ebenso spannend und wechselvoll ist wie die "große Geschichte", die das Schicksal unserer Vorfahren bestimmt hat und mit der sie durch Politik und Wirtschaft, Krieg und Frieden, guten und schlechten Zeiten verbunden waren, wie wir selbst es auch heute sind.

Wer sich auf die Suche nach seinen Ahnen begibt, wird früher oder später versuchen, mit entfernteren Verwandten oder namensgleichen Personen Kontakt aufzunehmen, die vielleicht mit nützlichen Hinweisen oder gar interessanten Dokumenten und bisher ungehobenen "Schätzen" dazu beitragen können, die Geschichte der eigenen Familie abzurunden. Nicht selten führen solche Kontakte später zur Gründung eines eigenen Familienvereins, dessen Mitglieder in aller Welt durch eine eigene Zeitung über den neuesten Stand der Forschung unterrichtet werden und sich zu regelmäßigen Familientreffen zusammenfinden.

"Familienforscher" kann jeder werden. Denn das Sammeln von Ahnen erfordert am Anfang keine besonderen Spezialkenntnisse. Praktische Hinweise, wo und wie man sie findet, gibt u.a. dieses Handbuch. Im Laufe der Zeit wird man dann selbst zum Experten, weil man sich bei der Arbeit laufend weiterbildet und neues Wissen begierig aufnimmt, um zum Ziel zu gelangen.

Schon bald wird man feststellen, daß die Ahnensammlung anwächst und man sich plötzlich in der Vielzahl von Daten, Namen und Verwandtschaftsbeziehungen der Personen untereinander nicht mehr so ohne weiteres zurechtfindet. Ordnung und Durchblick schaffen hier nur bewährte Systeme, die wir in unserem Buch vorstellen und ausführlich erläutern.

Dr. Eike Pies

Inhalt

8

I. Mit System zum Erfolg

I.1. Mit der Familie fängt alles an

Die lateinische Bezeichnung *familia* bedeutet ursprünglich *Dienerschaft* oder *Hausgenossenschaft,* also Lebensgemeinschaft. So wurde auch noch bei uns bis vor nicht allzu langer Zeit in ländlichen Gebieten die Hausgenossenschaft einschließlich des ledigen Gesindes *Familie* genannt.

Im weiteren Sinne bezeichnet *Familie* eine durch Abstammung in näherer oder entfernterer Verbindung stehende Gruppe von Menschen. Ihre Zugehörigkeit ist nicht auf die zur Zeit lebenden Mitglieder beschränkt, doch alle müssen sich auf einen namentlichen Ahnherrn zurückführen lassen. Zu ihr gehören nicht nur die Träger eines ursprünglichen Familiennamens, sondern auch alle blutsverwandten Nachkommen in den weiblichen Linien, die durch Heirat einen anderen Familiennamen angenommen haben.

Die Lebensgemeinschaft der Eltern und ihrer unselbständigen Kinder wird heute als *Kern-* oder *Kleinfamilie* bezeichnet. Die *Großfamilie,* zu der auch die noch lebenden Großeltern und meist ledige Verwandte (Geschwister der Eltern) gehören, existiert heute nur noch in seltenen Fällen.

Soziale Bedeutung der Familie

Die ehemals feste Sozialstruktur der Familie hat sich besonders in den letzten Jahrzehnten des 20. Jahrhunderts gewandelt. Traditionelle Werte wie Erziehung der Kinder, Verantwortung für die Alten, wirtschaftliche Erhaltung, Vorsorge bei Krankheit, Invalidität und Alter scheinen weithin verlorengegangen zu sein. Die bestehenden Gesetze ändern daran nichts.

Der Ehe als Institution wird die eheähnliche Gemeinschaft als Alternative gegenübergestellt, wobei sich deren Funktion weitgehend auf die Zeugung des Nachwuchses und die Pflege der Intim- und Gefühlsbeziehungen beschränkt. Dabei ist die Tatsache unbestritten, daß besonders Neugeborene und Heranwachsende auf eine intensive Zuwendung durch Vater und Mutter als Bezugspersonen angewiesen sind.

Namens- und Familienrecht

Besondere Bedeutung kommt der möglichen Änderung des Namensrechts in der Bundesrepublik Deutschland zu. Danach soll den Ehepartnern die Entscheidung für einen Ehenamen nahegelegt werden. Wenn sie dies nicht wollen, sollen sie ihren Geburtsnamen behalten und den Namen ihrer Kinder gemeinsam bestimmen können. Einigen sie sich nicht auf einen Namen, soll das Kind einen aus beiden Elternnamen zusammengesetzten - höchstens zweigliedrigen - Familiennamen erhalten, dessen Reihenfolge der Standesbeamte im Zweifelsfall durch Los ermitteln kann. Dabei sollen Geschwister stets den selben Namen erhalten. Eine solche Regelung hätte weitreichende Konsequenzen auch für die Familienforschung - z.B. für das Wappenrecht (siehe Kapitel I.13): Bisher sind Familienwappen schutzwürdiger Bestandteil des Familiennamens und dürfen nur im Zusammenhang mit diesem geführt werden (§ 12 BGB). Bei Annahme des Familiennamens der Mutter zum Beispiel dürften Kinder demnach das Wappen des Vaters nicht mehr führen.

Familie und Ehe sind in der Bundesrepublik Deutschland durch das Grundgesetz geschützt (Art. 6 GG). Dem Schutz der Familie dienen auch strafrechtliche Bestimmungen (§§ 170 ff., 247 u.a. StGB). Das Familienrecht umfaßt die gesetzlichen Vorschriften über Verlöbnis, Ehe, Güterrecht, Verwandtschaft, Verhältnis von Eltern und Kindern und Vormundschaft (viertes Buch §§ 1858-1921 BGB).

Die Familie als Forschungsobjekt

Am Anfang unserer Forschung steht die Familie im engeren Sinne als Kern- oder Kleinfamilie. Namen und gesicherte Daten unserer Familie sind uns meist bekannt und können im Familienstammbuch nachgesehen werden. Dieses wird vom Standesbeamten bei der Eheschließung angelegt, den Eheleuten ausgehändigt und bei Standesänderungen (Geburten der Kinder, Tod) ständig fortgeführt (§§ 12 ff. Personenstandsgesetz). Alle hier eingetragenen Beurkundungen haben volle Beweiskraft.

Aus dem Stammbuch gehen die Namen der Eheleute mit Geburtsdatum und -ort sowie die Namen der Eltern der Eheleute hervor. Namen und Daten der Kinder werden entsprechend nachgetragen. Meist sind auch noch die Stammbücher der beiden Elternpaare der Eheleute vorhanden - im günstigsten Fall ein "Ahnenpaß", der zwei oder drei Generationen weiterführt.

Wir beginnen unsere Familienforschung mit den jüngsten Mitgliedern oder Probanden - d.h. unseren Kindern bzw. uns selbst, wenn wir noch ledig sind - und den uns zur Verfügung stehenden gesicherten Namen und Daten, die wir nach nachstehendem Muster auf ein großes Stück Papier schreiben. Dabei stellen wir erstaunt fest, daß wir schon eine kleine Ahnentafel erstellt haben, die von den eigenen Kindern zumindest drei Generationen bis zu deren Urgroßeltern zurückreicht.

Literaturauswahl zu diesem Kapitel:
Barbara Beuys: *Familienleben in Deutschland* (1980);
J. Donzelot: *Die Ordnung der Familie* (1980);
Heidi Rosenbaum: *Formen der Familie* (1981);
Weber/Kellermann: *Die Familie* (1976).

Prinzip einer Ahnentafel bis zur III. Ahnenreihe

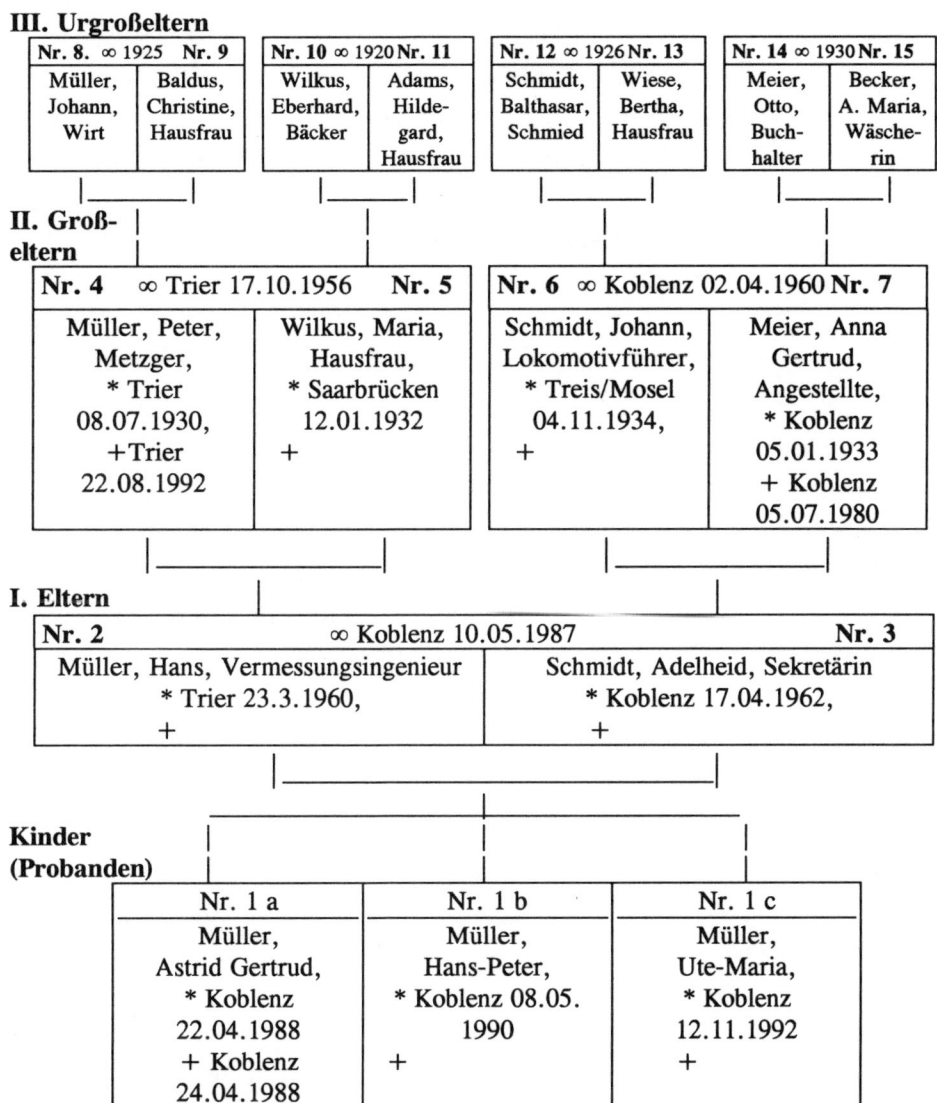

III. Urgroßeltern

Nr. 8. ∞ 1925 Nr. 9		Nr. 10 ∞ 1920 Nr. 11		Nr. 12 ∞ 1926 Nr. 13		Nr. 14 ∞ 1930 Nr. 15	
Müller, Johann, Wirt	Baldus, Christine, Hausfrau	Wilkus, Eberhard, Bäcker	Adams, Hilde-gard, Hausfrau	Schmidt, Balthasar, Schmied	Wiese, Bertha, Hausfrau	Meier, Otto, Buch-halter	Becker, A. Maria, Wäsche-rin

II. Groß-eltern

Nr. 4 ∞ Trier 17.10.1956 Nr. 5		Nr. 6 ∞ Koblenz 02.04.1960 Nr. 7	
Müller, Peter, Metzger, * Trier 08.07.1930, +Trier 22.08.1992	Wilkus, Maria, Hausfrau, * Saarbrücken 12.01.1932 +	Schmidt, Johann, Lokomotivführer, * Treis/Mosel 04.11.1934, +	Meier, Anna Gertrud, Angestellte, * Koblenz 05.01.1933 + Koblenz 05.07.1980

I. Eltern

Nr. 2 ∞ Koblenz 10.05.1987 Nr. 3	
Müller, Hans, Vermessungsingenieur * Trier 23.3.1960, +	Schmidt, Adelheid, Sekretärin * Koblenz 17.04.1962, +

Kinder (Probanden)

Nr. 1 a	Nr. 1 b	Nr. 1 c
Müller, Astrid Gertrud, * Koblenz 22.04.1988 + Koblenz 24.04.1988	Müller, Hans-Peter, * Koblenz 08.05. 1990 +	Müller, Ute-Maria, * Koblenz 12.11.1992 +

2. Ahnentafel und Stammbaum

Mit dem Grundprinzip der Familienforschung und dem System, mit dem Sie von nun an arbeiten werden, haben Sie sich durch das vorstehende Kapitel bereits vertraut gemacht. Dabei haben Sie viel gelernt, ohne es eigentlich bemerkt zu haben.

Die spannende Detektivarbeit beginnt

Ausgehend von den letzten gesicherten Daten (das sind in unserem "Musterfall Müller" die Geburtsdaten der Großeltern bzw. die Heiratsjahre der Urgroßeltern), fordern Sie bei den zuständigen Standesämtern (siehe Kapitel II.2.) schriftlich die Ihnen fehlenden Urkunden aus den dort geführten Personenstandsregistern an oder besuchen nach vorheriger telefonischer Voranmeldung die zuständigen Pfarreien (siehe Kapitel II.3.), um dort die Tauf-, Heirats- und Sterberegister selbst einzusehen. Auf diese Weise können Sie in verhältnismäßig kurzer Zeit drei bis vier weitere Generationen Ihrer Ahnenreihe zurückverfolgen.

Verdoppelung mit jeder Generation

Wie das Musterbeispiel der "Ahnentafel Müller" zeigt, verdoppelt sich in jeder Generation nach oben die Zahl der Ahnen. Beginnend mit einem Probanden folgen 2 Eltern, 4 Großeltern, 8 Urgroßeltern, 16 Ururgroßeltern, 32 Urururgroßeltern usw.

Personennummern für den Durchblick

Jede Person Ihrer Ahnentafel erhält eine fortlaufende persönliche Nummer, die im Gegensatz zu den mit römischen Ziffern gekennzeichneten Generationszahlen arabische Ziffern tragen. Dabei zeigt sich, daß - außer dem oder den Probanden - allen Vätern eine gerade und allen Müttern eine ungerade Zahl zugeordnet ist: Der Vater hat die Nummer 2, der Großvater väterlicherseits die Nummer 4, der Großvater mütterlicherseits die Nummer 6, wobei die entsprechenden Urgroßväter die

Nummern 8 und 12 tragen. Über die Großmutter mütterlicherseits mit der ungeraden Nummer 7 zum Beispiel ermitteln wir durch Verdoppelung (2 x 7) deren Vater mit der geraden Nummer 14, wobei dessen Frau die nächste ungerade Nummer 15 trägt.

Umgekehrt kann man die Nachkommen eines Ehepaares ermitteln, in dem man jeweils die Vaterzahl halbiert. So führt das Ehepaar 48 und 49 z.B. eindeutig auf die mütterliche Linie hin, denn 48:2 = 24:2 = 12:2 = 6:2 = 3, und die 3 ist die Personennummer der Mutter.

Oder was sagt uns die Personennummer 19? - Als ungerade Zahl weist sie auf eine weibliche Person hin, deren Mann die vorhergehende Nr. 18 tragen muß. Diese Vaterzahl durch zwei geteilt ergibt die ungerade weibliche Zahl 9, die wiederum mit Nr. 8 verheiratet ist - und weiter: 8:2 = 4:2 = 2:2 = 1. Demnach ist die mit Nr. 19 gekennzeichnete Person eine Ururgroßmutter in der IV. Ahnenreihe des oder der Probanden.

Das alles läßt sich also aus den Personenzahlen ablesen bzw. ermitteln. Üben Sie sich in dieser Systematik, in dem Sie sich selbst Aufgaben stellen.

Die Ahnentafel

Um sich ein anschauliches Bild von der Fülle der Namen und Daten seiner Ahnen in den ersten fünf bis sechs Generationen zu machen, kann man eine Tafel aufstellen. Der Fachmann bezeichnet diese als Aszendententafel. In dieser sind alle Vorfahren in aufsteigender Linie (Aszendenten) eines Probanden verzeichnet.

Füllen Sie jetzt - so weit es Ihnen möglich ist - den Vordruck "Meine Ahnentafel", der unserem Handbuch beigelegt ist, entsprechend unserem "Musterbeispiel Müller" (Seite 13) aus. Sicher werden Sie am Anfang noch nicht alle Namen und Daten eintragen können. Das holen Sie dann später schrittweise nach, wenn Sie die Ihnen noch unbekannten weiteren Namen und Daten erforscht und gesammelt haben. Weitere Vordrucke können Sie über unsere Verlagsadresse anfordern.

16

Prinzip und Beispiel einer Stammtafel über sieben Ahnenreihen

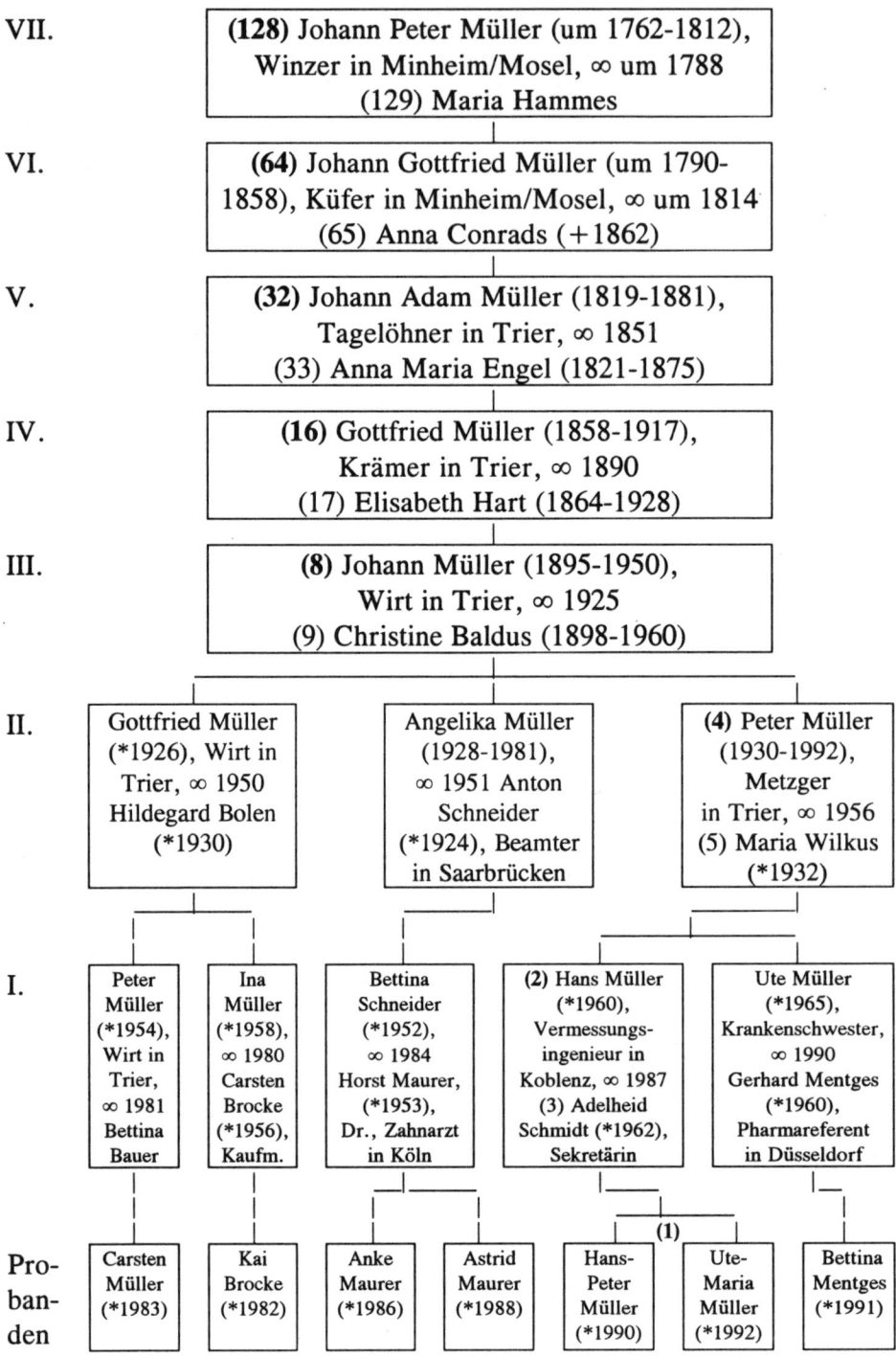

VII.

(128) Johann Peter Müller (um 1762-1812),
Winzer in Minheim/Mosel, ∞ um 1788
(129) Maria Hammes

VI.

(64) Johann Gottfried Müller (um 1790-
1858), Küfer in Minheim/Mosel, ∞ um 1814
(65) Anna Conrads (+1862)

V.

(32) Johann Adam Müller (1819-1881),
Tagelöhner in Trier, ∞ 1851
(33) Anna Maria Engel (1821-1875)

IV.

(16) Gottfried Müller (1858-1917),
Krämer in Trier, ∞ 1890
(17) Elisabeth Hart (1864-1928)

III.

(8) Johann Müller (1895-1950),
Wirt in Trier, ∞ 1925
(9) Christine Baldus (1898-1960)

II.

Gottfried Müller
(*1926), Wirt in
Trier, ∞ 1950
Hildegard Bolen
(*1930)

Angelika Müller
(1928-1981),
∞ 1951 Anton
Schneider
(*1924), Beamter
in Saarbrücken

(4) Peter Müller
(1930-1992),
Metzger
in Trier, ∞ 1956
(5) Maria Wilkus
(*1932)

I.

Peter
Müller
(*1954),
Wirt in
Trier,
∞ 1981
Bettina
Bauer

Ina
Müller
(*1958),
∞ 1980
Carsten
Brocke
(*1956),
Kaufm.

Bettina
Schneider
(*1952),
∞ 1984
Horst Maurer,
(*1953),
Dr., Zahnarzt
in Köln

(2) Hans Müller
(*1960),
Vermessungs-
ingenieur in
Koblenz, ∞ 1987
(3) Adelheid
Schmidt (*1962),
Sekretärin

Ute Müller
(*1965),
Krankenschwester,
∞ 1990
Gerhard Mentges
(*1960),
Pharmareferent
in Düsseldorf

(1)

Pro-
ban-
den

Carsten
Müller
(*1983)

Kai
Brocke
(*1982)

Anke
Maurer
(*1986)

Astrid
Maurer
(*1988)

Hans-
Peter
Müller
(*1990)

Ute-
Maria
Müller
(*1992)

Bettina
Mentges
(*1991)

Prinzip und Beispiel eines Stammbaums: Otto von Bismarck

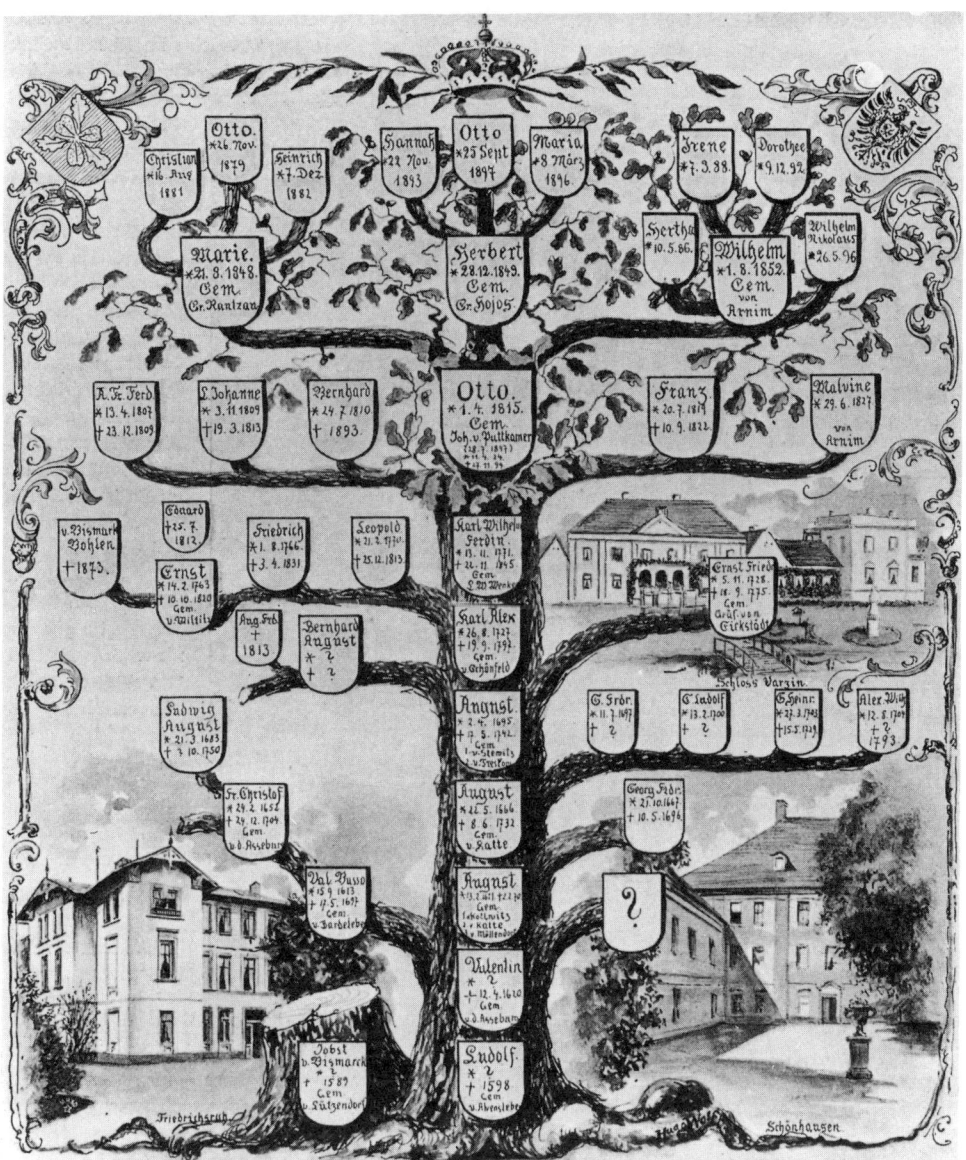

Die Stammtafel

Im Gegensatz zur Ahnen-, Vorfahren- oder Aszendententafel, in die Sie alle Ihre direkten Vorfahren von unten in aufsteigender Linie eintragen, können Sie auch eine Stammtafel aufstellen. Diese geht von einem Stammelternpaar aus und führt ebenfalls von oben nach unten deren Nachkommen (Deszendenten) in absteigender Linie auf. Deshalb wird diese Darstellungsform auch Deszendententafel genannt. Eine solche Nachfahrentafel verdeutlicht die verwandtschaftlichen Beziehungen innerhalb von Blutsverwandten, auch wenn Sie unterschiedliche Namen tragen. Aus Platzgründen sollten Sie jedoch nur solche Ehepaare eintragen, deren Nachkommen sich weiterverfolgen lassen. Da nun jede Familie in den einzelnen Generationen eine unterschiedliche Kinderzahl aufweist, helfen keine Vordrucke weiter. Deshalb müssen Sie die Stammtafel Ihrer Familie selbst entwerfen. Dabei unterscheiden Sie Stamm, Äste und Zweige.

Der Stammbaum

Entsprechend Ihrer so aufgestellten Stammtafel können Sie später "am Ende" Ihrer Forschungsarbeit durch einen Grafiker oder Maler den Stammbaum ihrer Familie mit ihrem Familienwappen (siehe Kapitel I.13.) entwerfen lassen. Dabei stellen Sie einfach Ihre Stammtafel auf den Kopf, wobei nun die Stammeltern unten an der Wurzel stehen. Deren heutige Nachkommen werden in der Krone plaziert und sind mit dem Stamm durch Äste und Zweige verbunden, die zur besseren Übersicht mit unterschiedlichen Farben gekennzeichnet werden können.

Ein Stammbaum ist zwar ein sehr dekorativer Wandschmuck, doch sollten Sie bedenken, daß Ihre Arbeit nie abgeschlossen sein wird. Denn Familienforschung ist ein Hobby, das Sie ein Leben lang betreiben werden. Dabei können Sie immer wieder Ihre Ahnen- und Stammtafeln durch neue (sowohl ältere als auch jüngere) Namen und Daten ergänzen - nach oben und nach unten. Manche "toten Punkte" (siehe Kapitel I.7.) werden Sie durch Spürsinn und eifrige Arbeit überwinden, und junge

Zweige Ihrer Familie werden ständig weiterwachsen und gedeihen.

Der Stammbaum zeigt also immer den Ist-Zustand Ihrer Familienforschung zu einem bestimmten Zeitpunkt. Deshalb sollten Sie ihn auch erst dann bei einem Künstler in Auftrag geben oder bei entsprechenden Fähigkeiten selbst anfertigen, wenn Sie trotz intensiver Nachforschungen nicht mehr weiterkommen und glauben, Ihre Stammeltern gefunden zu haben.

Literaturauswahl zu diesem Kapitel:
E. Henning/W. Ribbe: *Handbuch der Genealogie* (1972);
P. Bahn: *Familienforschung - Ahnentafel - Wappenkunde* (1986);
P. Bahn: *Familienforschung und Wappenkunde* (1990).

I.3. Wenn der Platz auf der Tafel nicht ausreicht

Schon bald werden Sie feststellen, daß der Platz auf Ihrer Ahnentafel nicht mehr ausreicht, denn diese ist nur über vier oder maximal fünf Ahnenreihen grafisch übersichtlich darzustellen. Was nun?

Anschlußtafeln

Eine Möglichkeit, Ihre Ahnen trotzdem in Form von Tafeln darzustellen, besteht darin, die Ahnenreihe in Anschlußtafeln weiterzuführen. Diese können Sie als Vordrucke über unsere Verlagsadresse bestellen. Dabei beginnen Sie jeweils unten auf der Seite mit einem der auf Ihrer bereits ausgefüllten Ahnentafel oben endenden Ehepaar.

Die erste Anschlußtafel beginnt also mit den Personennummern 16 und 17 und führt entsprechend drei Generationen weiter zu den Ahnen 128 bis 143, die zweite beginnt mit den Personennummern 18 und 19 und endet bei den Ahnen 144 bis 159 usw.

Bevor Sie sich jedoch dazu entschließen, die Ergebnisse Ihrer Ahnenforschung weiter in Form von Anschlußtafeln zu führen, sollten Sie wissen, welche Menge von Namen und Daten auf Sie zukommen kann.

12 Generationen mit 8.191 Personen

Mit Energie und Zähigkeit wird es Ihnen sicher gelingen, Ihre Familie 12 Generationen - und mit Glück sogar noch weiter - zurückzuverfolgen. In den meisten Fällen gehen die Kirchenbücher, in denen Sie die Namen und Daten Ihrer Vorfahren finden, bis zum 30jährigen Krieg (1618-1648) zurück, bei protestantischen Gemeinden häufig sogar bis zur Reformation (siehe Kapitel II.3.).

Die Praxis hat gezeigt, daß das durchschnittliche Alter der Eltern bei der Filiation, d.h. bei der Geburt der Kinder, mit 30 anzusetzen ist. Dabei kann natürlich das tatsächliche Filiationsalter eines Ehepaares im Einzelfall jeweils niedriger oder höher liegen.

Nehmen wir das Geburtsjahr Ihres Kindes - dem sogenannten Probanden - z.B. mit 1990 an. Wollen wir nun zwölf Generationen zurückgehen, zeigt die Berechnung folgendes Ergebnis:

12 (Generationen) multipliziert mit 30 (durchschnittliches Filiationsalter aller Vorfahren) gleich 360 Jahre. 1990 minus 360 ergibt das Jahr 1630, in dem die Stammeltern etwa 30 Jahre alt gewesen sein müssen.

Wir haben bereits erfahren, daß sich die Zahl unserer Vorfahren mit jeder Generation verdoppelt. Bei 12 Generationen ergeben sich dabei - einschließlich des Probanden - 8.191 Personen nach folgender Aufstellung:

Ahnenreihen (Generationen)	Personen-Nummern	Anzahl der Personen je Reihe
Proband	1	1
I.	2-3	2
II.	4-7	4
III.	8-15	8
IV.	16-31	16
V.	32-63	32
VI.	64-127	64
VII.	128-255	128
VIII.	256-511	256
IX.	512-1.023	512
X.	1.024-2.047	1.024
XI.	2.048-4.095	2.048
XII.	4.096-8.191	4.096

Sicher werden Sie bei Ihrer Forschung nicht jeder weiblichen Linie nachgehen können oder wollen, doch allein schon aus diesem Zahlenspiel ist zu erkennen, daß die Darstellung in Tafeln auf Dauer keine befriedigende Lösung bieten kann. Außerdem werden Sie zahlreiche weitere Informationen zum Leben der einzelnen Personen und Ehepaare zusammentragen, die Sie aus Platzgründen in Ihrer Ahnentafel nicht unterbringen können.

Zu diesen Informationen werden Sie außerdem Fotos, Bilder, Illustrationen, Urkunden und Dokumente sammeln, die Sie den einzelnen Personen bzw. Ehepaaren direkt zuordnen wollen. Auch dabei ist die Ahnentafel eine denkbar ungeeignete Darstellungsform. Mit ihr sollten Sie zwar beginnen, weil sie Ihnen die Systematik der Ahnenforschung deutlich vor Augen führt und Sie auf einen Blick Ihre ersten Forschungsergebnisse erfassen können, doch dann empfiehlt die Erfahrung eine andere professionelle Art der Dokumentation, mit der Sie von Anfang an - neben den Eintragungen in Ihre erste kleine Ahnentafel - beginnen sollten: die Erfassung eines jeden Ehepaares auf Stammblättern und die Zuordnung aller entsprechend gesammelten Schrift- und Bilddokumente. So entsteht Ihr persönliches Familienarchiv.

Stammreihen und Ahnenlisten

Wenn Sie allein nur die zu Ihrem Vaterstamm gehörenden Vorfahren interessiert, die in der Regel alle den gleichen Namen führen (vorausgesetzt die Reihe ist nicht durch eine uneheliche Geburt unterbrochen), können Sie diese auch als Stammreihe oder Stammlinie aufführen. Bei unserem "Musterfall Müller" z.B. würde man mit dem Probanden *1. Hans-Peter Müller (*1990)* beginnen und mit *VII. - 128. Johann Peter Müller (um 1762-1812), Winzer in Minheim/Mosel, ∞ um 1788 Maria Hammes* enden.

Bei einer Stammreihe erhalten also nur die Ahnen im direkten Mannesstamm eine Personennummer, die jeweils genannten Ehefrauen dagegen keine, da deren Linien nicht weiterverfolgt werden. Will man dagegen auch diese erfassen, so erstellt man eine Ahnenliste, in der alle bisher bekannten Vorfahren aufgeführt werden, wie nachfolgendes Beispiel zeigt.

Proband: 1. *Hans-Peter Müller (*1990)*
I. 2. *Hans Müller (*1960),*
    ∞ *1987*
    3. *Adelheid Schmidt (*1962)*
II. 4. *Peter Müller (1930-1992),*
    ∞ *1956*
    5. *Maria Wilkus (*1932)*
    6. *Johann Schmidt (*1934),*
    ∞ *1960*
    7. *Anna G. Meier (1933-1980)*

und so weiter, wobei natürlich die genauen Daten, Berufs-angaben und Wohnorte aufgeführt werden.

Stammliste

Eine von zahlreichen Genealogen - das sind Historiker, die Familienforschung auf wissenschaftlicher Basis betreiben - bevorzugte Art, eine für sie abgeschlossene Forschungsarbeit über eine Familie zu publizieren, ist die Stammliste. Sie berück-sichtigt sowohl die Geschwister der männlichen Vorfahren als auch die Nachfahren der jeweiligen Brüder. Dabei wird die älteste bekannte Generation mit der römischen Zahl I gekenn-zeichnet, z.B.:

I.   *Johann I. Boos von Waldeck, urk. 1274-1279, ∞ N.N.*
         Kinder:
         1. *Johann II. Boos von Waldeck (siehe II. a).*
         2. *Gerlach Boos von Waldeck, urk. 1293-1294,*
            ∞ *Elisabeth N. (kinderlos).*
II. a   *Johann II. Boos von Waldeck, urk. 1287-1299, ∞ N.N.*
         Kinder:
         1. *Johann III. Boos von Waldeck (siehe III a).*
         2. *Conrad Boos von Waldeck, urk. 1340, Kanoniker in*
            Koblenz.
         3. *Hedwig Boos von Waldeck, urk. 1340, Nonne.*

usw.

I.4. Praktische Hilfe: Das Stammblatt

Von nun an erarbeiten Sie Ihre Ahnenreihe nur noch mit Hilfe von Stammblättern. Dabei dokumentiert jedes Stammblatt ein Ehepaar ausführlich mit allen Lebensdaten, nennt alle ihre Kinder und gibt möglichst auch nähere Auskunft über Aussehen und Charakter, Leben und Wirken. Mit Hilfe dieser Angaben und der gesammelten Dokumente können Sie dann später ausführliche Biographien verfassen.

Bearbeiten des Stammblatts

Auf jedem Stammblatt werden mit römischen Ziffern die Generationszahl und mit arabischen Ziffern die Personennummern des Ehepaares eingetragen. Es folgen Porträtfotos und (falls bekannt) die Familienwappen oder Hausmarken, die Familien- und Vornamen sowie die Berufs- und Konfessionsangaben.

Die Geburts-, Tauf-, Sterbe-, Begräbnis- und Heiratsdaten werden mit den entsprechenden Orts- und genauen Quellenangaben versehen (Nennung der Standesämter, Pfarreien, Aktenzeichen, Seitenzahl). Bei den Sterbedaten werden möglichst die Ursachen und Krankheiten genannt, die zum Tod geführt haben. Bei den Heiratsdaten sind sowohl die standesamtliche als auch die kirchliche Trauung anzugeben.

Unter "Bemerkungen" werden die Personen näher beschrieben. So können hier Angaben über ihre Körpergröße, Haar- und Augenfarbe, ihre Charaktereigenschaften und Vorlieben, Berufungen oder Auszeichnungen gemacht werden.

Auf der Rückseite des Stammblattes werden alle Kinder des Ehepaares mit ihren Lebensdaten aufgeführt. Die Angaben zu dem Kind, das zu Ihren direkten Ahnen gehört, sollten Sie zur besseren Übersicht besonders kennzeichnen (zum Beispiel rot umranden).

Auffinden von Eltern und Kindern

Besondere Hinweise auf die Eltern eines Ehepaares sind nicht notwendig, da bekanntlich die Väter durch Verdoppelung der Personennummern und die Mütter durch die nächst folgenden Nummern gekennzeichnet sind. Das Kind des Ehepaares, das Ihre Ahnenreihe fortsetzt, wird entsprechend durch Halbierung der Vaterzahl ermittelt (siehe Kapitel I.2.). So finden Sie immer auf einfache Weise die Stammblätter Ihrer Ahnen sowohl in aufsteigender als auch in absteigender Linie.

Unser nachfolgendes "Musterbeispiel Müller" macht das deutlich. Das Ehepaar Gottfried Müller und Elisabeth geb. Hart gehört zur IV. Ahnenreihe. Gottfried Müller hat die Personennummer 16. Demnach sind seine Eltern in der V. Ahnenreihe unter den Nummern 32 und 33 zu finden. Elisabeth Hart hat die Personennummer 17, wobei ihre Eltern entsprechend in der V. Ahnenreihe unter den Nummern 34 und 35 zu finden sind. Gottfrieds Sohn Johann Müller, der die direkte Stammfolge fortsetzt und deshalb in der Liste der Kinder besonders gekennzeichnet ist, hat demnach die Personennummer 8.

Mehrfachheiraten

Hin und wieder werden Sie feststellen, daß der eine oder andere Ihrer Ahnen mehrfach verheiratet gewesen ist. Dabei sind für Ihre Ahnen- und Stammreihe vor allem diejenigen Personen von besonderem Interesse, die zu Ihren direkten Vorfahren zählen. So erhalten auch immer nur die Ehepaare eigene Personennummern, von denen Sie unmittelbar abstammen.

Dennoch sollten die Vor- oder Nachehen Ihrer Ahnen und eventuell die daraus entsprossenen Nachkommen nicht unbeachtet bleiben und von Ihnen dokumentiert werden.

So verzeichnen Sie auf dem entsprechenden Stammblatt unter der Rubrik "Bemerkungen" zum Beispiel "Witwer von" oder "Witwe von" oder "verheiratet in 2. Ehe mit" etc.

Haben Sie von anderen Ehen Ihrer Vorfahren und deren Nachkommen detailliertere Angaben, so können Sie diese auf entsprechende Stammblätter notieren. Dabei wird aber nur diejenige Person mit ihrer bereits bestehenden Personennummer gekennzeichnet, mit der Sie selbst blutsverwandt sind, während die anderen Ehepartner keine besondere Nummer erhalten.

Entsprechend kennzeichnen Sie die einzelnen Ehen in der Reihenfolge, in der sie geschlossen wurden mit römischen Zahlen, also "∞ I.", "∞ II." etc. Um die aus den unterschiedlichen Ehen hervorgegangenen Kinder deutlich voneinander zu unterscheiden, werden die entsprechenden römischen Zahlen in Klammern vor die Namen der Kinder gesetzt, zum Beispiel "(I) 1. Erich Müller - (II) 2. Mathilde Müller" und weiter "(II) 3. Edgar Müller - (II) 4. Anna Müller". Diese Kennzeichnung besagt, daß die ersten beiden Kinder aus der ersten, die folgenden zwei Kinder aus der zweiten Ehe des Vaters hervorgegangen sind.

Uneheliche und Adoptiv-Kinder

Ist eine Person Ihrer Ahnenreihe unehelich geboren und können Sie den Vater nicht mehr ermitteln, so tragen Sie nur die Mutter mit ihrer entsprechenden ungeraden weiblichen Personennummer in das Stammblatt ein, während der unbekannte Vater zwar die nächst tiefere Personennummer erhält, ansonsten aber keine weiteren Angaben über ihn gemacht werden können. Dadurch ergibt sich eine Lücke in Ihrer weiteren Ahnenreihe, die Sie vielleicht mit Glück und Spürsinn später einmal schließen können.

Bei adoptierten Kindern, die den Namen des Ziehvaters angenommen haben, sind meist die leiblichen Eltern namentlich bekannt. Hier sollten Sie in jedem Fall den leiblichen Vorfahren nachgehen.

Archivieren von Stammblättern

Füllen Sie entsprechend die Stammblattvordrucke, die Sie über unsere Verlagsadresse beziehen können, für Ihre Familie aus. Legen Sie diese in dokumentenechte gelochte Klarsichthüllen und ordnen diese sortiert nach fortlaufenden Personennummern hinter die bereits von Ihnen ausgefüllten Ahnentafeln.

Originale und Fotokopien von Urkunden, Dokumenten und Briefen, weitere Fotos und Illustrationen, welche das Ehepaar und ihre Kinder betreffen, werden ebenfalls in dokumentenechte Klarsichthüllen gelegt und hinter das entsprechende Stammblatt eingeordnet. Dabei sollten Sie auf jedes Blatt mit Bleistift die zugehörige Personennummer notieren. So bleiben Ihre Unterlagen immer eindeutig einer Person bzw. einem Ehepaar zugeordnet.

Genaue Angaben ersparen Sucharbeit

Jedes Stammblatt sollten Sie so genau und ausführlich ausfüllen, wie es Ihnen möglich ist. Dazu gehören auch exakte Quellenangaben, wo die Geburts- und Tauf-, Heirats- und Sterbedaten beurkundet sind mit Register-, Band- und Seitenangaben. Auf diese Weise können Sie beglaubigte Urkunden von den Standesämtern, Personenstands- oder kirchlichen Archiven nachbestellen und ersparen den Ausstellern erhebliche Sucharbeit.

Nachfolgend zeigen wir ein Muster eines Stammblatts.

Nr. 16	Stammblatt der IV. Ahnenreihe	Nr. 17

FN	Müller	FN	Hart
VN	Gottfried	VN	Elisabeth
B	Krämer	B	Hausfrau
K	katholisch	K	katholisch
*	in Trier am 22.08.1858	*	in Ruwer am 03.03.1864
urk.	SA. Trier, 1858, S.22	urk.	SA. Trier Ruwer, G.1864, S.3
~	in Trier am 23.08.1858	~	in Ruwer am 05.03.1864
urk.	St. Gerv., 1858, S.12	urk.	St. Barbara, T.1864, Bd.II, S. 263
+	in Trier am 06.08.1917	+	in Trier am 31.12.1928
	an Krebs		an Schwindsucht
urk.	SA. Trier, 1917, Bd.2, S.3	urk.	SA. Trier, 1928, Bd.3, S.34
⊕	in Trier am 09.08.1917	⊕	in Trier am 04.01.1929
urk.	Totenzettel im Familienarchiv	urk.	Totenzettel im Familienarchiv

∞	§ in Trier am 04.05.1890
	urk. SA. Trier, H. 1890, Bd.2, S.54
∞	Δ in Trier am 08.05.1890
	urk. St. Gervasius, Heiraten Bd.2, S. 598

Bemerkungen:

Gottfried Müller war 1,80 m groß. Er hatte dunkelblondes Haar und war sehr gutmütig. Als Krämer brachte er es bald zu einem gewissen Wohlstand. Er kaufte ein Haus in der Blasienstraße Nr. 40, wo er einen Gemischtwarenhandel betrieb.

Gottfried Müller nahm als Soldat am 1. Weltkrieg teil und wurde mit dem EK II ausgezeichnet.

Das Wappen Müller ist bereits bei dem Stammvater Johann Peter Müller (Nr. 128) beschrieben.

Elisabeth Müller geb. Hart war 1,65 m groß und hatte dunkelbraunes Haar und braune Augen. Sie war ihren Kindern eine fürsorgliche Mutter.

Das Wappen der Familie Hart ist bei dem Vater von Elisabeth (Nr.34) beschrieben.

Abkürzungen	Zeichen	
FN = Familienname	* = geboren	~ = getauft
VN = Vorname(n)	+ = gestorben	⊕ = begraben
B = Beruf	∞ = verheiratet	
K = Konfession		
urk. = urkundlich (Reg.-Nr., Seite etc.)	§ standesamtlich	Δ = kirchlich

Bemerkungen (Fortsetzung):

Kinder:		
1.	Johann Anton Müller, *08.08.1891, starb als Kind	
2.	Berta Müller, *24.02.1893, +05.11.1904 durch Unfall	
3.	Andreas Müller, *24.02.1893 (Zwilling), soll nach Amerika ausgewandert sein	
4.	Johann Müller (1895-1950) - siehe Nr. 8	
5.	Paula Müller, *04.09.1898, +16.03.1944 bei einem Bombenangriff, ledig	
6.		
7.		
8.		
9.		
10.		
11.		
12.		
13.		
14.		

I.5. Für Profis: EDV-Programme

Professionelle Familienforscher können sich mit speziellen Genealogie-Programmen der elektronischen Datenverarbeitung erhebliche Arbeit ersparen.

Datenerfassung und -verwaltung

Mit Hilfe von Personalcomputern und einer speziellen Software für Familienforscher werden aus einer Familienverwaltung heraus alle Daten in beliebiger Reihenfolge erfaßt und geordnet. Dabei ersetzt der Fest- oder Diskettenspeicher die Funktion des Zettelkastens, wobei Familien aus Personen- und Familiendaten zusammengebaut werden. Über die Familienerfassung erfolgt die zentrale Eingabe aller Namen und genealogischen Daten. Diese werden miteinander verknüpft, d.h. Beziehungen zwischen Eltern und Kindern hergestellt. Daneben können auch Paten und Trauzeugen erfaßt und spezielle Forschungsziele angesprochen werden, z.B. Erbkrankheiten, Herkunftsorte oder Berufe. Das EDV-Systems sammelt, ordnet selbständig und zeigt schließlich das gewünschte Ergebnis auf dem Bildschirm an oder gibt es über den angeschlossenen Drucker auf Papier aus.

Ahnentafeln und -listen, Stammfolge- und Nachfahrenlisten werden auf diese Weise problemlos für jeden gewünschten Probanden - sogar unter Berücksichtigung von Ahnenschwund (siehe Kapitel I.6.) - automatisch erstellt. Personen werden u.a. über ihren Namen oder ihre Personennummer eindeutig erkannt und auf den Bildschirm gerufen. Die Informationen resultieren aus den Familien und der Weiterverknüpfung ihrer Mitglieder in wieder andere Familien.

Gute EDV-Programme enthalten neben der Familienverwaltung noch Zusatzverwaltungen für Personen, Orte, Abkürzungen, Familien- und Vornamen, Berufe und Titel. In der Praxis greift die Familienverwaltung auf erfaßte Personen zu, wobei beide Verwaltungen Orte, Abkürzungen, Familien und Vornamen, Berufs- und Titelangaben der entsprechenden Zusatzverwaltungen verwenden. Beim Zugriff aus der Familienverwaltung z.B. auf die Ortsverwaltung werden dem Anwender alle bereits erfaßten Orte angeboten. So erkennt er sofort, ob der gewünschte Ort bereits vorhanden ist oder zunächst an genau dieser Stelle erfaßt werden muß. Anschließend wird der gewünschte Ort dann aus der Liste in die Familie (vielleicht als Heiratsort) übernommen.

Große Datenbestände

Die bisher entwickelten Programme bieten ausreichende Möglichkeiten zur Verwaltung großer Datenbestände mit einem herkömmlichen PC bei relativ kleinem Gesamtplattenbedarf (etwa 8 MB bei 10.000 Personen mit 3.400 Familien).

Kirchenbuchverkartungen

Programme für Kirchenbuchverkartungen zu Familienbüchern (siehe Kapitel II.8.) sind für den Profi von besonderer Bedeutung. Das mühsame Erfassen auf Zetteln entfällt durch die direkte Eingabe aller Namen und Daten in den Computer.

Durch den Zugriff auf alle relevanten Informationen (z.B. Berufsgruppen oder Herkunftsorte) können mühelos entsprechende Register erstellt werden. Spezielle Ausdruckmöglichkeiten (u.a. für eine Familie, alle Träger eines Familiennamens oder Ahnen- und Nachfahrenlisten für eine ganz bestimmte Person) erleichtern die Beantwortung von Anfragen, die den Forscher erreichen. Damit entfallen aufwendiges Nachsuchen, Kopieren von ausgewählten Seiten oder das Erstellen arbeitsaufwendiger Auszüge aus Listen und Manuskripten.

Vereinsarbeit leichtgemacht

Die Textverarbeitung bietet neben einem herkömmlichen Schreibprogramm für die tägliche Korrespondenz die Möglichkeit zur Adressenverwaltung. Diese ist besonders interessant für Familienvereine (siehe Kapitel I.22.), denn hier können beliebig viele Merkmale eingerichtet werden (Eintritts- und Geburtsdaten,

Berufsgruppen, Telefonnummern, Beitragszahlungen der Mitglieder, Bankverbindungen etc.). Dabei steht die Adressenverwaltung der Textverarbeitung direkt zur Verfügung, um hinterlegte Adressen z.B. bei Rundschreiben automatisch zu übernehmen. Ausgedruckt werden können Mitglieder- und Telefonlisten, Übersichtslisten mit Bemerkungen, Informationsdaten und Anschriftenetiketten, z.B. für den Versand von Familienzeitungen (siehe Kapitel I.23.).

Außerdem stellen einige Sparkassen ein spezielles Vereinsprogramm gegen eine Schutzgebühr zur Verfügung, das die Verwaltung von Mitgliedern, Beiträgen und Stammdaten verwaltet. Ein Statistikprogramm ermöglicht unterschiedliche Auswertungen (z.B. nach Eintritts- und Geburtsdatum, Geschlecht, Zahlungsweise und Altersstruktur), wobei die Ausdrucke auch in Form von grafischen Darstellungen abgerufen werden können.

Nähere Auskünfte über:
Verein zur Förderung EDV-gestützter familienkundlicher Forschungen e.V., Schorlemmerskamp 20, in D-44536 Lünen - und Zeitschrift *Computergenealogie*, Dipl.-Ing. Karl B. Thomas, Postfach 13 44, in D-59872 Meschede.
Das Programm *Verein 2000* zur Verwaltung von Vereinsmitgliedern stellen einige Sparkassen gegen eine Schutzgebühr von ca. DM 150 zur Verfügung, bei denen das Vereinskonto eingerichtet worden ist.

I.6. Ahnengleichheit: Theorie und Praxis

Nach unseren Ausführungen über die Verdoppelung der Personenzahlen in jeder Generation (siehe Kapitel I.3.) ergibt sich rein rechnerisch eine auf den Kopf gestellte gleichmäßige Ahnenpyramide. Diese Annahme ist zwar theoretisch richtig, doch die Praxis führt zu ganz anderen Ergebnissen.

Die Ahnenpyramide bröckelt

Hatten wir in der XII. Ahnenreihe 4.096 Personen gezählt, so errechnen wir durch entsprechende Verdoppelung in der zwanzigsten 524.288, in der dreißigsten dann 536.870.912 und und in der vierzigsten Ahnenreihe gar 549.755.813.888, also rund 550 Milliarden Personen.

Gehen wir vierzig Generationen, d.h. rund 1.200 Jahre zurück (Berechnung siehe Kapitel I.3.), so sind wir in der Zeit Kaiser Karls des Großen angelangt. Würde unsere Rechnung zutreffen, hätten demnach um das Jahr 800 zugleich 550 Milliarden Menschen gelebt, die dazu allesamt noch direkte Vorfahren von uns gewesen sein müssen. Sicher ist jedoch, daß vor 1.200 Jahren keine 550 Milliarden Menschen gelebt haben - weder auf dem europäischen Kontinent, noch auf unserem ganzen Planeten. Wo aber sind unsere Ahnen geblieben?

Adel verpflichtet - Ahnen vernichtet

Aus der Geschichte ist bekannt, daß Adelige unter sich blieben, d.h. standesgemäß heirateten. Dazu kam, daß bei der Partnerwahl die Aussicht auf eine Vermehrung des Besitzes eine größere Rolle spielte als die persönliche Zuneigung. So wurden nicht selten schon Kinder von Eltern versprochen oder sogar verheiratet, um Geld zu mehren und Machtansprüche rechtzeitig zu sichern. Da aber die Auswahl der möglichen Partner innerhalb des Adels relativ gering war, lassen sich immer wieder Ehen nachweisen, bei denen die Partner weitläufig oder auch näher miteinander verwandt waren.

Betrachten wir die Ahnentafeln von bekannten Adelsgeschlechtern, so zeigt sich immer wieder dieses Phänomen. Verwandtenehen führen immer zur *Ahnengleichheit* oder zum *Ahnenschwund,* vom Fachmann auch als *Implex* bezeichnet. Entstammt z.B. ein Proband einer Verwandtenehe ersten Grades zwischen Vetter und Base, dann befinden sich unter den Großeltern Geschwister, was zu einem Ahnenschwund in der vorhergehenden Generation führt, denn er besitzt nur drei statt vier Urgroßelternpaare, wie das nachfolgende (konstruierte) Beispiel zeigt.

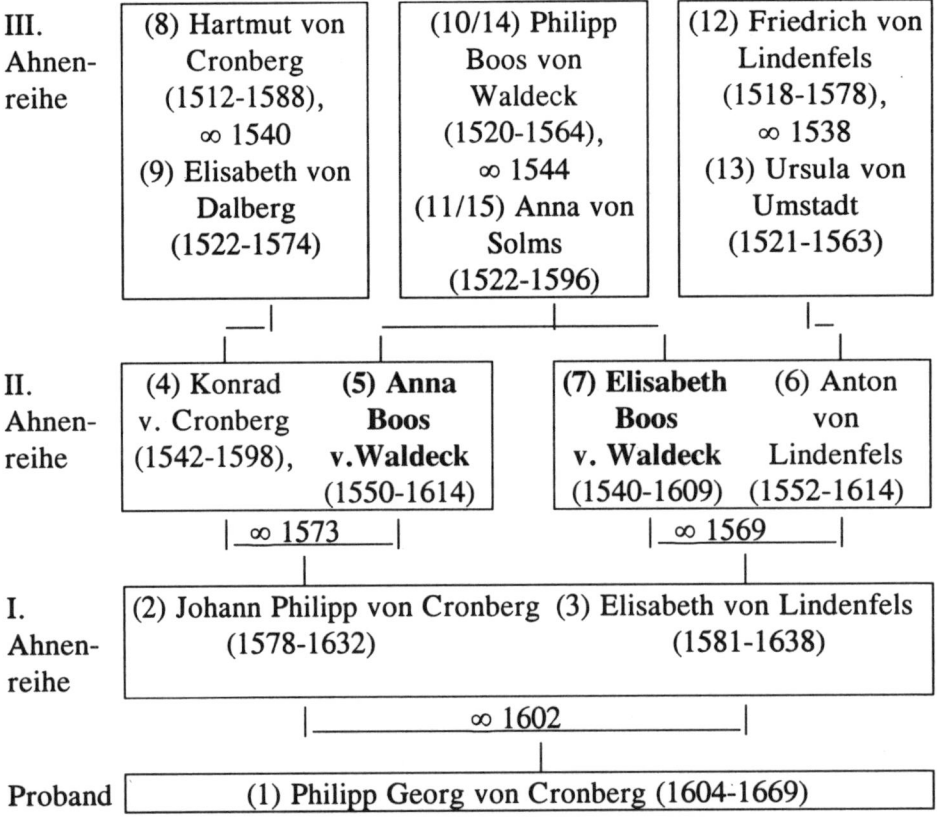

In der III. Ahnenreihe reicht die Bezifferung also nur von Nr. 8 bis Nr. 13 anstatt bis Nr. 15. Die Differenz zwischen der theoretischen und der tatsächlichen Ahnenzahl wird Aszendentenimplex genannt. Dieser wirkt sich natürlich auch auf die

Anzahl der weiteren Vorfahren aus, da diese sich ebenfalls bei den miteinander identischen Vorfahren in jeder Generationsreihe verdoppelt.

Die theoretische Ahnenzahl beträgt in der XII. Ahnenreihe 4.096 Personen (vgl. Kapitel I.3). In den Ahnentafeln zahlreicher Mitglieder des Hochadels ist die tatsächliche Ahnenzahl durch Verwandtenehen jedoch wesentlich geringer. Bei Friedrich dem Großen von Preußen beträgt sie 1.108 (Implex von 73%), bei Maria Theresia von Österreich 569 (86%) und bei August dem Starken von Sachsen 499 (88%).

Entsprechend dem Ahnen- oder Aszendentenimplex tritt auch der Nachkommen- oder Deszentenimplex als Folgeerscheinung von Ahnengleichheit auf, denn je mehr Nachkommen ein Ehepaar hat, desto wahrscheinlicher kommt es in den nachfolgenden Generationen zu Verwandtenehen.

Adam-und-Eva-Theorie

Reicht die Forschung weit genug zurück, kommt Ahnengleichheit auch in jeder bürgerlichen Familie vor. Besonders häufig läßt sie sich bei religiösen Minderheiten nachweisen, ist aber auch bei bestimmten sozialen Gruppen (z.B. bei Henkerfamilien) und auf dem Lande stark vertreten. In bäuerlichen Gegenden wurden teilweise auch aus wirtschaftlichen Gründen Ehen geschlossen - und die Auswahl der Partner war ebenso gering wie beim Adel.

Um zu nahe Verwandtenehen (Inzucht) zu verhindern, stellten Pfarrer aus den Kirchenbuchunterlagen sogenannte Ahnenproben, d.h. Stammtafeln der Ehewilligen auf. War die Verwandtenehe ersten Grades unter Bürgerlichen verpönt und nicht gestattet, so mußte bei einer nachweislichen Verwandtschaft zweiten und dritten Grades eine besondere Erlaubnis (Dispens) eingeholt werden.

Da in jeder Familie früher oder später Ahnengleichheit auftritt und der Implex nach oben hin immer stärker ansteigt, verjüngt sich unsere theoretisch gleichmäßige Ahnenpyramide in Wahrheit immer mehr. So sind es auch nicht die rechnerisch ermittelten 550 Milliarden Personen in der vierzigsten Generation, die zu unseren Ahnen zählen, sondern nur wenige Hunderttausend. Gehen wir weiter zurück, so ist gar die Theorie von Adam und Eva als Stammelternpaar denkbar.

Jeder ist mit jedem verwandt

Sicher ist, daß wir alle miteinander versippt sind. Und irgendwann werden wir auch eine Verwandtschaft mit einem der vielen Adelsgeschlechter - und über diese zu Kaiser Karl dem Großen (742-814) - feststellen. Die Möglichkeit ist groß, denn dieser deutsche Kaiser hatte mit fünf legitimen Frauen und ebenso vielen Konkubinen nachweislich mehr als 17 leibliche Kinder. So ist - zumindest nach der Wahrscheinlichkeitsrechnung - jeder 1,3. Deutsche mit Karl dem Großen verwandt.

Literaturauswahl zu diesem Kapitel:
Erich Brandenburg: *Die Nachkommen Karls des Großen* (1935, Nachdruck 1964).
Eberhard Winkhaus: *Ahnen zu Karl dem Großen und Widukind* (1950).

I.7. "Tote Punkte" - was nun?

Früher oder später gelangt jeder Ahnenforscher an einen "toten Punkt", das heißt, die eine oder andere Linie seiner Vorfahren läßt sich trotz intensiver Suche bei Standesämtern und in Kirchenbüchern nicht mehr weiterverfolgen.

Viele Gründe

Gründe, die zu einem "toten Punkt" führen können, sind vielfältig, z.B.:

- die Kirchenbücher einer bestimmten Pfarrei sind abhanden gekommen oder verbrannt;
- ein Vorfahre ist ein "Fahrender" gewesen und hat häufig seinen Wohnsitz gewechselt, so daß man nicht weiß, wo man weitersuchen soll;
- da hat vielleicht ein schwerhöriger Pfarrer den Namen falsch gehört und z.B. "Pörsch" statt "Bersch" geschrieben, so daß man den gesuchten Namen nicht auf Anhieb wiedererkennt - oder der Pfarrer hat einen Eintrag schlicht vergessen;
- da trifft man auf ein uneheliches Kind unter seinen Vorfahren und kann diese Linie nicht weiterverfolgen, weil der Vater nicht erwähnt ist;
- oder man kommt an Unterlagen nicht ohne weiteres heran (das trifft vielfach für die ehemaligen deutschen Ostgebiete zu).

Und wenn das bei der namensgebenden Stammlinie der Fall sein sollte, ist es für den Familienforscher besonders ärgerlich.

Zahlreiche Archive

Nun könnten Sie einfach nur die Linien weiterverfolgen, die weniger problematisch zu erforschen sind und schnellen Erfolg versprechen. Aber Sie sollten daneben nicht aufgeben, auch schwierige Aufgaben zu lösen, denn außer Standesregistern und Kirchenbüchern gibt es meist Mittel und Wege, dennoch zum ersehnten Ziel zu gelangen. Man muß nur genügend Phantasie entwickeln und zäh an seinem Vorhaben festhalten.

In Staats-, Regional- und Kommunalarchiven, Kirchen-, Universitäts- und Privatarchiven im In- und Ausland (siehe Kapitel II.3. und II.4.) liegt eine Fülle von Material, das uns in vielen Fällen weiterhelfen kann. Meist geben gedruckte Verzeichnisse Aufschluß über die Archivbestände. Auf gezielte schriftliche Anfragen erhält man sicher auch Antwort, doch empfiehlt sich in Zweifelsfällen ein persönlicher Besuch des Archivs, um dort selbst die fraglichen Akten, Dokumente, Urkunden und Sammlungen durchzusehen, wobei sogenannte "Findbücher" die Orientierung erleichtern.

Die in den Archiven aufbewahrten Rats-, Visitations- und Gerichtsprotokolle, Notariats- und Prozeßakten, Lehn- und Bürgerbücher, Untertanen- und Zehntlisten, Zunftrollen und Zinsregister, Urkataster, Universitätsmatrikel und Leichenpredigten zum Beispiel bieten eine Fülle von genealogischen Angaben und Daten, die dem Familienforscher weiterhelfen können.

Bei der Überwindung von "toten Punkten" - vor allem, wenn es um schwer zugängliche oder im letzten Krieg verschollene oder zerstörte Kirchenbücher u.a. in den ehemaligen deutschen Ostgebieten geht - kann eine Vereinigung weiterhelfen, welche die größte genealogische Datenbank der Welt besitzt: die "Genealogische Gesellschaft der Kirche Jesu Christi der Heiligen der Letzten Tage", eine Einrichtung der 1830 in Amerika gegründeten Religionsgemeinschaft der Mormonen, bei denen Familienforschung ein große Rolle spielt. Sie haben seit vielen Jahrzehnten europaweit Millionen von Kirchenbüchern auf Mikrofilmen gesichert und diese in unterirdischen Gewölben in Salt Lake City im amerikanischen Bundesstaat Utah archiviert.

Um bestimmtes Datenmaterial einsehen zu können, müssen Sie nicht Mitglied dieser Religionsgemeinschaft sein und brauchen deshalb auch nicht in die USA reisen, denn die Mormonen unterhalten in Deutschland allein 12 genealogische Forschungszentren in größeren Städten. Dort können Sie in Besucherräumen, die mit speziellen Lesegeräten ausgestattet sind, die von Ihnen angeforderten Kirchenbuchfilme durchsehen (die Anschriften sind neben vielen anderen, für den Familienforscher wichtigen Adressen in der in unserem Verlag erschienenen Loseblattsammlung "Aktuelle Adressen und Informationen für Familienforscher" veröffentlicht).

Bibliotheken und Vereine

Gedruckte Literatur, veröffentlichtes Quellenmaterial und Artikel in Fachzeitschriften zur Geschichte von Orten und einzelnen Familien (siehe Kapitel II.9.) finden Sie in öffentlichen Bibliotheken und regionalspezifisch vor allem in den Sammlungen der historischen und genealogischen Vereine in Ihrer Nähe (diese sind ebenfalls in unserer bereits erwähnten Loseblattsammlung veröffentlicht). Hier sind Familienforscher zusammengeschlossen, die Ihnen auch aus Ihren ungedruckten Unterlagen, Manuskripten, Ahnenlisten, Stammtafeln und manchmal auch verkarteten Kirchenbüchern (siehe Kapitel II.8.) wertvolle Hinweise geben können. Schon aus diesem Grund lohnt es sich, gegen einen meist geringen Jahresbeitrag Mitglied eines solchen Vereins zu werden, von denen einige eine eigene Zeitschrift herausgeben.

Suchanzeigen, z.B. in den überregional verbreiteten *Familienkundlichen Nachrichten* oder im Archiv für Sippenkunde mit der Beilage *Praktische Forschungshilfe*, haben dazu beigetragen, so manchen "toten Punkt" überwinden zu helfen.

Verzeichnisse von Familienforschern mit Anschriften und jeweiligen Hinweisen auf deren Forschungsschwerpunkte (Orte und Familiennamen) können ebenso hilfreich sein (siehe Kapitel II.10.). Stößt man hier auf bekannte Namen oder Orte, so lohnt sich in jedem Fall eine schriftliche Kontaktaufnahme.

Beauftragung eines Berufsgenealogen

Wenn ein Archiv von Ihrem Wohnort zu weit entfernt ist - vor allem im Ausland - können Sie auch einen Berufsgenealogen mit speziellen Sucharbeiten betrauen. Oft liegt das Honorar eines

solchen ortsansässigen Profis niedriger als die Kosten, die Sie
für Reise, Übernachtungen und Verpflegung kalkulieren müssen.
Dabei empfiehlt es sich, vor der endgültigen Beauftragung den
Honorarrahmen festzulegen. Einige Archive geben Ihnen auf
Ihre Anfrage zuverlässige Kontaktadressen an.

Grenzen der Möglichkeiten

Jede Familienforschung wird einmal an ihre natürlichen Grenzen stoßen. Zwölf oder gar fünfzehn Generationen haben Sie mit
Fleiß und Glück zurückverfolgen können - und dabei ist ein
beachtliches Ergebnis zustandegekommen. Doch dann versiegen
die Quellen. Vor der Einführung der Kirchenbücher sind Sie auf
weltliche Archivquellen angewiesen, aus denen nicht immer ein
genealogischer Zusammenhang abzulesen ist, wenn nicht eindeu-
tige Besitzverhältnisse (z.B. durch Vererbung oder Belehnung)
dokumentiert sind. Dazu kommt, daß Untertanenlisten oder
Zinsregister des 15. und 16. Jahrhunderts - besonders in bäuerlichen Gebieten - oft nur die Vornamen, gelegentlich auch die
Berufe der aufgelisteten Personen nennen, denn unsere Familiennamen sind meist erst im 16. Jahrhundert entstanden.

Literaturauswahl zu diesem Kapitel:
Eike Pies: *Aktuelle Adressen und Informationen für Familienforscher*,
Loseblattsammlung (1993).

sohn, und weil er schließlich einen eigenen Familiennamen haben mußte, ist daraus *Eiden* und *Eidem* entstanden.

Charaktereigenschaften und Aussehen

Ganz besondere Charaktereigenschaften oder typische körperliche Merkmale einer Person konnten dieser einen "Spitznamen" eintragen, der dann für seine Nachkommen zum Familiennamen geworden ist.

Bickler wurde zum Beispiel ein Raufbold genannt. Diesen Familiennamen führte die gleichnamige Henkersfamilie, zu der auch der berühmt-berüchtigte Schinderhannes (Zusammensetzung aus der Berufsbezeichnung des Schinders oder Abdeckers und dem Vornamen Hannes als Rufname für Johann) gehörte. So wurde auch eine Frohnatur nach dem trällernden Vogel *Finck*, ein linkischer und ungelenker Mensch *Linck*, ein dicker Kerl *Schmoll*, ein frommer Mann *Christ* und ein grimmiger Bursche *Sauer* genannt.

Auf eine auffallende Erscheinung, besondere körperliche Merkmale oder Gebrechen deuten u.a. die Namen *Braun, Roth, Weiß* und *Schwarz, Groß* und *Klein, Kähler* (der Kahlkopf), *Kraus* (der Kraushaarige) oder *Stumm* (der Stumme bzw. Wortkarge) hin.

Namensübersetzungen

Besonders im Humanismus der Vorreformation übersetzten Gelehrte und Gebildete ihre deutschen Familiennamen ins Lateinische, Griechische oder auch Hebräische, wobei ihre Nachkommen diese Namen manchmal beibehielten. So wurde z.B. aus dem Vornamen Engelberta der Familienname *Engel*, der wiederum zu *Angelus* latinisiert wurde, aus der Herkunftsbezeichnung "von Kues" wurde *Cusanus*, aus den Berufsbezeichnungen Köhler wurde *Carbonarius*, aus Bauer *Agricola*, aus Müller *Molitor* oder aus dem Familiennamen *Pies,* der im 13. Jahrhundert aus dem Lateinischen *Pius* (der Fromme) entstanden ist, ein *Piso*.

Namen fremder Herkunft

Von den im Humanismus übersetzten ursprünglich deutschen Familiennamen sind die Namen fremder Herkunft zu unterscheiden. Zu ihnen gehören nicht nur die Namen polnischen, wendischen, litauischen oder masurischen Ursprungs, sondern auch die französischen Namen der vertriebenen Hugenotten, der italienischen Künstler oder aus anderen europäischen Ländern stammenden Händler, die z.T. schon vor Jahrhunderten in deutsche Gebiete eingewandert sind.

Jüdische Namen

Bei deutschen Juden festigten sich erst um 1800 die Familiennamen, die zuvor oft wechselten. Alte Namensverzeichnisse befinden sich heute im jüdischen Zentralarchiv in Jerusalem.

Literaturauswahl zu diesem Kapitel:

H. Bahlow: *Deutsches Namenlexikon* (1987);

J.K. Brechenmacher: *Etymologisches Wörterbuch der deutschen Familiennamen* (1957-63);

M. Gottschald: *Deutsche Namenkunde* (1970);

H. Maas: *Von Abel bis Zwicknagel* (1964);

G. Kessler: *Die Familiennamen der Juden in Deutschland* (1935).

I.9. Auch Häuser haben manchmal Namen

Früher wurden Häuser und Höfe mit eigenen Namen ge-kennzeichnet. Diese gingen auf ihre Besitzer über, auch wenn ihre Familiennamen ganz anders lauteten. Wer auf einen Hof einheiratete oder ihn kaufte, der übernahm auch den Hofnamen. Das ist manchmal noch heute so üblich bei bäuerlichen Familien in Westfalen, im Hannoverschen, auf dem Hunsrück, in Bayern und Tirol. So ist z.B. *Johann Obermüller* (Müller der Ober-mühle), der in den *Scholthese-Hof* (Hof eines ehemaligen Schultheißen oder Bürgermeisters) eingeheiratet hat, im Dorf nur als *Scholthese-Hannes* bekannt.

Stadt und Land

In den mittelalterlichen Städten bildeten sich im 13. Jahrhun-dert Hausnamen wie z.B. *Flamme,* aus dem der Familienname *Flamm* entstanden ist. Während in den Städten die meisten alten Hausnamen nicht mehr bekannt sind, haben sich zum Teil die Gasthausnamen wie *Zum Schwanen* bis heute erhalten.

Wie die Quellen beweisen, erhielt auf dem Land ein Hof oder ein Haus häufig den Namen des Erbauers und ersten Eigen-tümers. Er blieb bei dem Haus, auch wenn die Namen der späteren Besitzer wechselten. Selbst wenn die ursprünglichen Gebäude abgebrochen oder abgebrannt waren und an gleicher Stelle neue Häuser errichtet wurden, hielt die Bevölkerung an den alten Hausnamen fest.

Am Beispiel des kleinen Hunsrückdorfes Dommershausen können wir - ähnlich wie bei den Familiennamen - hauptsächlich sechs Arten von Hausnamen unterscheiden. Einige Häuser tragen den gleichen Grundnamen und unterscheiden sich lediglich durch zusätzliche Bezeichnungen wie "Owe" (oben) oder "Unne" (unten), "Alt" oder "Neu". Wenn zum Beispiel ein eingeheira-teter Schwiegersohn aus dem Haus *Millersch* auf dem Grund-stück seines Schwiegervaters unterhalb des alten Hofes ein neues Gebäude errichtete, wurde dieses zur Unterscheidung des

Stammhofes *Unne-Millersch* genannt. Oder wenn ein Sohn aus dem B*auersch-Hof* im Ort ein neues Haus baute, so wurde es *Neu-Bauersch* genannt, wobei der Stammhof von nun an *Alt-Bauersch* hieß.

Häuser nach Vornamen

Zahlreiche Häuser erhielten den Vornamen des Erbauers. Dazu zählen Hausnamen wie *Franze* (Franz), *Franzehannese* (Franz Johann), *Hanspittsches* (Johann Peter), *Hannesjäbe* (Johann Jakob), *Kastersch* (Castor), *Nickels* (Nikolaus), *Maxe* (Max), *Paalse* (Paul), *Pittere* und *Pittersch* (Peter), *Seimenz* (Simon) oder *Steffele* (Christoph).

Häuser nach Familiennamen

Eine weitere Gruppe von Häusern erhielten die Familiennamen der Erbauer. Typische Beispiele dafür sind Namen wie *Bauersch, Chreste* (Christ), *Enzels, Goßelers, Heckings, Hermes, Hierte, Hiestersch, Hoffmann, Platte, Pingersch, Olbermanns, Rickese* (nach dem FN Rickus), *Scholle* oder *Stranze.*

Häuser nach Vor- und Familiennamen

Einige Hausnamen sind Zusammensetzungen aus den Vor- und Familiennamen der Erbauer wie z.B. *Pingepitte* (Peter Pinger) oder *Schollehannese* (Johann Scholl).

Amts- und Berufsbezeichnungen

Zu dieser Gruppe gehören Hausnamen wie *Doktersch* (Arzt), *Leinewewersch* (Leinenweber), *Mejersch* (Hausverwalter), *Millersch* (Müller) und *Schreinersch* (Schreiner) oder *Scholthese* (Schultheiß) und *Vooz* (Vogt).

Losbeutel des Dorfes
Mannebach/Hunsrück
(oben) mit eingeschnitzten
Hausmarken und
Buchstabenmonogrammen
auf Holzwürfeln
und Losbeutel des Dorfes
Dommershausen/Hunsrück
(rechts) mit durchlöcherten
hölzernen Lospatronen und
eingesteckten Papierzetteln,
auf denen die Hausmarken
aufgemalt bzw. Hausnamen
aufgeschrieben sind.

Haus Schosterpitersch in Dorweiler/Hunsrück (oben) mit der alten Hausmarke über der Eingangstür und Grabstein des Ehepaars Matthias und Maria Schmitt von 1728 (links) in Dommershausen/Hunsrück.

*Reitersiegel des Grafen Adolf IV.
von Berg aus dem Jahre 1249
(oben links, ⌀ 8,5 cm);
Wappensiegel Herzog Wilhelms V.
von Jülich-Kleve-Berg 1580
(oben rechts, ⌀ 10,5 cm);
Majestätssiegel Kaiser Rudolf II.
von Habsburg in Holzkapsel 1580
(rechts, ⌀ 14 cm);
Originale im Hauptstaatsarchiv
Düsseldorf.*

*Wappen der Grafen von Sponheim
an der Kautzenburg
bei Bad Kreuznach.*

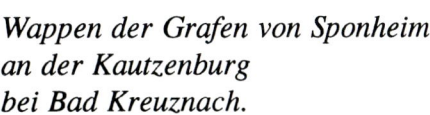

Entwicklung der Wappenformen und Unterscheidungen von Familienzweigen am Beispiel der Familie von Waldeck auf Burg Waldeck im Hunsrück

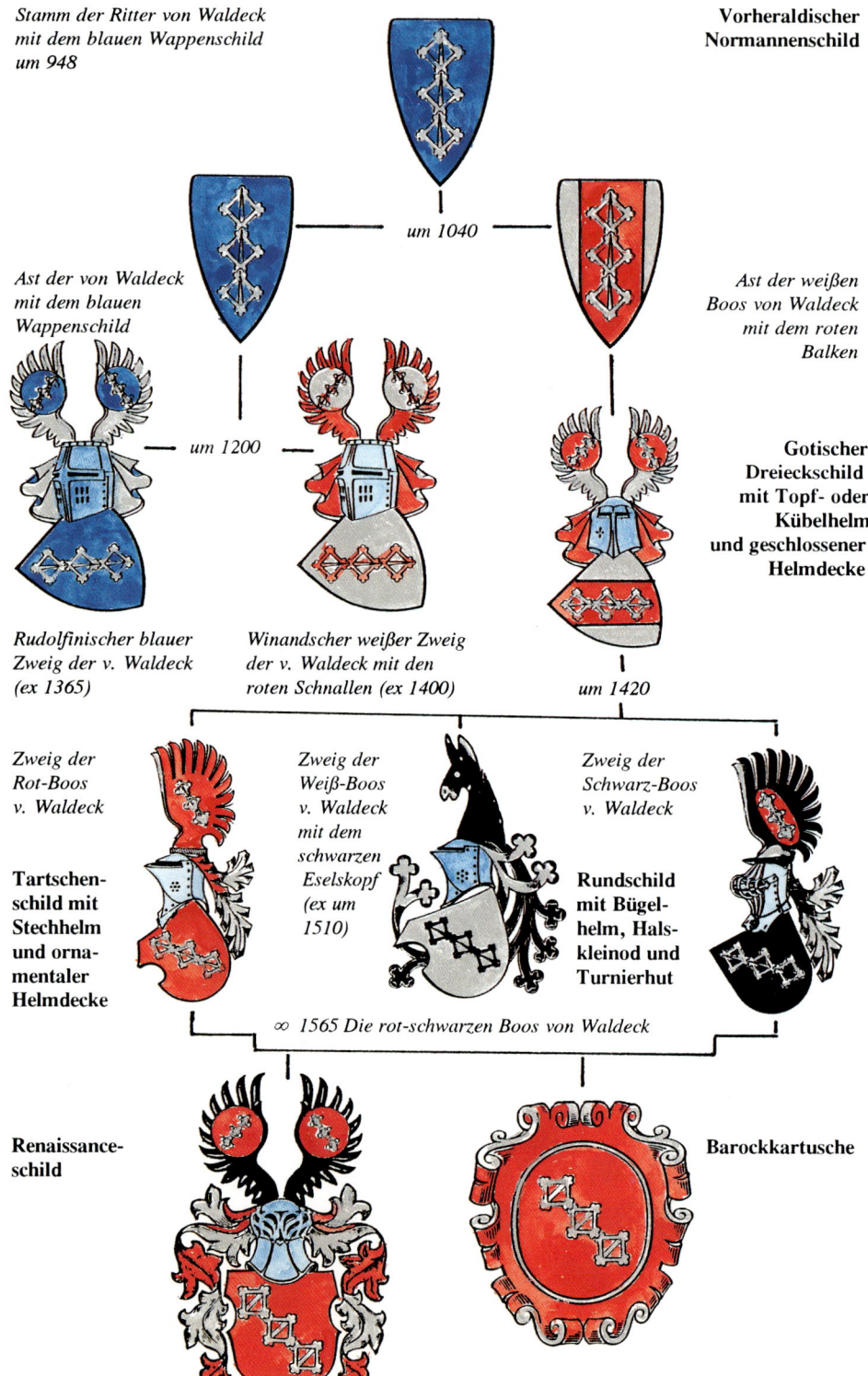

Stamm der Ritter von Waldeck mit dem blauen Wappenschild um 948

Vorheraldischer Normannenschild

um 1040

Ast der von Waldeck mit dem blauen Wappenschild

Ast der weißen Boos von Waldeck mit dem roten Balken

um 1200

Gotischer Dreieckschild mit Topf- oder Kübelhelm und geschlossener Helmdecke

Rudolfinischer blauer Zweig der v. Waldeck (ex 1365)

Winandscher weißer Zweig der v. Waldeck mit den roten Schnallen (ex 1400)

um 1420

Zweig der Rot-Boos v. Waldeck

Tartschenschild mit Stechhelm und ornamentaler Helmdecke

Zweig der Weiß-Boos v. Waldeck mit dem schwarzen Eselskopf (ex um 1510)

Zweig der Schwarz-Boos v. Waldeck

Rundschild mit Bügelhelm, Halskleinod und Turnierhut

∞ *1565 Die rot-schwarzen Boos von Waldeck*

Renaissanceschild

Barockkartusche

Aufschwörung des Freiherrn Wilhelm Lothar Joseph Boos von Waldeck und Montfort (+1763). Die Vollwappen der vier Urgroßelternpaare des Probanden sind jeweils als Ehewappen zusammengestellt, auf der heraldisch rechten Seite die spiegelverkehrten Wappen der Ehemänner, die den seitenrichtigen Wappen ihrer Ehefrauen "zugeneigt" sind. (Landeshauptarchiv Koblenz, "Aufschwörungsbuch der rheinischen Ritterschaft" 1798, Bestand 53 B, Nr. 2289).

*Besiegelter Wappenbrief, Adelsdiplom für Maria Felicitas (von) Diell und
ihre Töchter Anna Maria und Maria Anna, ausgestellt von der Hofkanzlei
Kaiser Karls VI. am 3. Mai 1733. Pergament, Format 31,5 x 22,7 cm,
20 Seiten, Einband in rotem Hofsamt mit anhängendem kaiserlichen
Lacksiegel (Ø 14 cm) und Holzkapsel.
(Original, Familienstiftung Pies-Archiv, Forschungszentrum
Vorderhunsrück, Dommershausen, Urkundensammlung M/C 6)*

*Gotischer
Dreieckschild mit
Topfhelm und
geschlossener
Helmdecke*

*Rundschild mit
Bügelhelm,
goldenem Halskleinod
und ornamentaler
Helmdecke*

*Tartschenschild mit
Stechhelm als
neuzeitliches
Bürgerwappen
gestaltet*

Wappenfenster mit Allianzwappen Stecke-von Holthausen.
Das seitenverkehrte Wappen des Ehemannes Stecke steht heraldisch
rechts (vom Betrachter aus links) und ist dem seitenrichtigen Wappen der
Ehefrau von Holthausen zugeneigt
(Museum der Familienstiftung Pies-Archiv, Dommershausen).

Manchmal kann man noch alte Familienporträts in Museen entdecken
(Familienstiftung Pies-Archiv, Dommershausen).

56

Leben und Arbeit unserer
Vorfahren sind häufig in
Heimatmuseen dokumentiert.

Schätze, die es zu bewahren gilt:
Kunstvoll geschnitzte Möbel aus
Familienbesitz.

(Museum der Familienstiftung Pies-Archiv, Dommershausen)

I.10. Hausmarken und Handwerkerzeichen

Wie der Hausname "klebten" auch die Hausmarken seit alten Zeiten an den Häusern und wurden jeweils von den neuen Besitzern übernommen. Diese Zeichen begegnen uns als "Unterschriften" in alten Dokumenten und wurden vor allem von den Personen benutzt, die des Lesens und Schreibens unkundig waren. Mit Fortschreiten der Bildung besonders auf dem Lande und der Einführung der Schulpflicht verschwanden sie allmählich im täglichen Gebrauch - und damit auch aus dem Bewußtsein der Bevölkerung. Vereinzelt finden wir diese Marken noch heute auf alten Grabsteinen, Ackergeräten, Hausbalken und in den alten Losbeuteln.

Hausmarken in Losbeuteln

Diese Losbeutel sind meist aus Leder oder Tuch hergestellt und dienten noch bis in jüngste Zeit in einigen ländlichen Regionen zur Bestimmung der Reihenfolge beim Mahlen in der Genossenschaftsmühle, beim Stockschlag im Gemeindewald oder beim Backen im Dorfbackhaus. Sie enthielten entweder kleine Holzklötzchen, in welche die Hausmarken aller Gemeindemitglieder eingeschnitzt waren, oder sie bestanden aus durchlöcherten Holzpatronen, in denen sich Zettel mit den Hausnamen oder Hausmarken befanden, die dann mit Hilfe eines kleinen Holzschlüssels aus der Patrone befördert wurden. Der Bürgermeister oder der Schöffenälteste bestimmte dann die Reihenfolge der Bürger bei der Nutzung des gemeinsamen Eigentums durch Griff in den Beutel.

Uralte Tradition

Derartige Marken zur Kennzeichnung eines Hauses oder einer Sache, einer Rechtsbezeichnung oder eines Herstellers (Handwerkerzeichen) sind seit den ältesten Zeiten bekannt und mit Sicherheit älter als Wappen. Ihr vorgeschichtliches Auftreten ergibt sich aus Bodenfunden, ihr Gebrauch in geschichtlicher

Zeit beweisen Handschriften und Urkunden, Gebäude und Denkmäler, Kunst- und Gebrauchsgegenstände.

Hausmarken treten bereits in den ältesten Siegeln und Wappen auf, anfangs als reine Marken ohne jeden Zusatz, später heraldisiert in Wappen. Manchmal wurden auch Buchstabenmonogramme (redende Marken) angenommen, die wie Hausmarken benutzt wurden.

Ursprung und Bedeutung der Hausmarken sind ungeklärt. Die Vermutung, sie seien aus germanischen Runen entstanden, liegt allerdings nahe. Eine Überlieferung aus germanischer Zeit herzuleiten, ist dagegen unangebracht, da viele Marken erst in späterer Zeit willkürlich angenommen worden sind. In einigen Fällen können hier ältere Vorbilder Pate gestanden haben. Zudem bestimmten oft praktische Gründe - z.B. gerade Striche beim Einkerben - die Form der Marke.

Eine Ähnlichkeit zwischen Runenzeichen und Hausmarken ist bei vielen Beispielen nicht abzustreiten. Gewisse Formen ähneln auch denen in Nordeuropa, die durch etwa tausend Jahre keine Änderung erfahren haben - und mit beiden wurde die Reihenfolge der Nutzung am Gemeindebesitz ausgelost.

Rechtliche Praxis und Handhabung

Bei Hausmarken können wir sechs grundsätzliche Dinge festhalten:

1. Hausmarken waren Persönlichkeitszeichen. Sie ersetzten die Person bzw. den Namen.
2. Hausmarken waren vererblich und wurden meist vom ältesten oder jüngsten Sohn unverändert geführt, von anderen Familienmitgliedern gelegentlich durch Beistriche abgewandelt. Frauen führten in manchen Gegenden keine Hausmarken, in anderen nur solche, die sie vor der Heirat führen durften. In wieder anderen Gegenden führte die Frau die Hausmarke des Ehemanns, jedoch liegend oder gestürzt (auf dem Kopf stehend) - oder nur dann, wenn sie seine Erbin geworden war.

Terminologie zur Hausmarkenbeschreibung nach Walter Leonhard

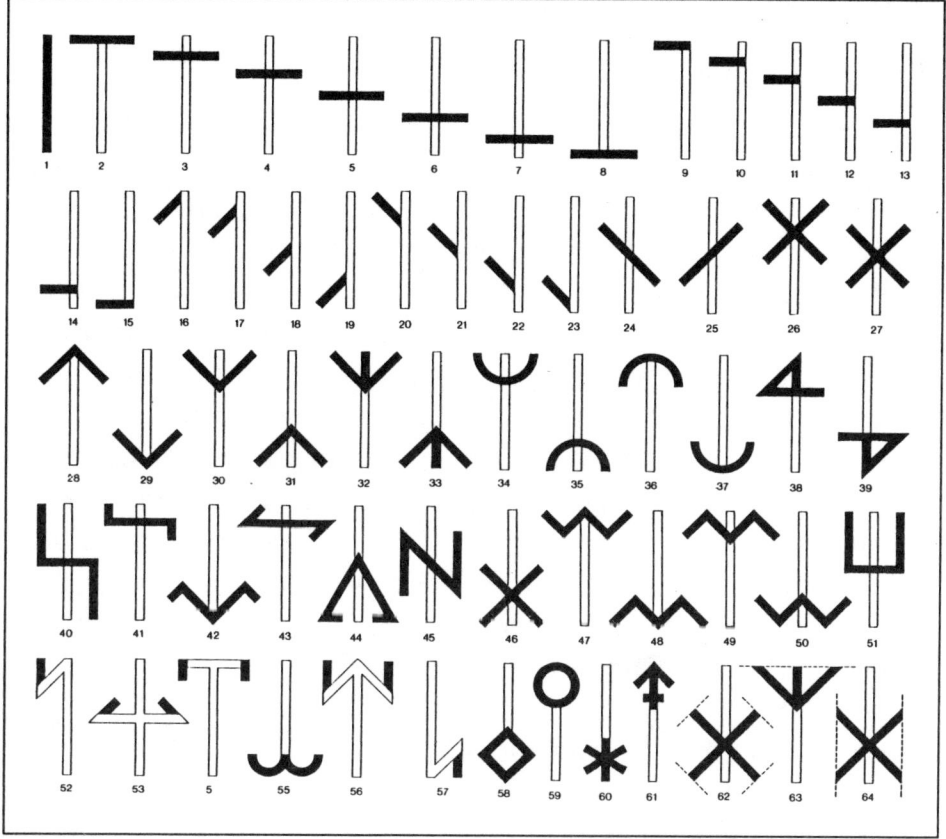

1. Pfahl - 2. Kopfbalken - 3. Kopfkreuzbalken - 4. erhöhter Mittelkreuzbalken - 5. Mittelkreuzbalken - 6. erniedrigter Mittelkreuzbalken - 7. Fußkreuzbalken - 8. Fußbalken - 9. vorderer Kopfbalken - 10. vorderer Kopfkreuzbalken - 11. vorderer erhöhter Mittelkreuzbalken - 12. vorderer Mittelkreuzbalken - 13. vorderer erniedrigter Mittelkreuzbalken - 14. vorderer Fußkreuzbalken - 15. vorderer Fußbalken - 16. vordere Kopfstrebe - 17. vordere erniedrigte Kopfstrebe - 18. vordere Mittelstrebe - 19. vordere Fußstrebe - 20. vorderer Kopfast - 21. vorderer Mittelast - 22. vorderer erhöhter Fußast - 23. vorderer Fußast - 24. schrägrechter Mittelkreuzbalken - 25. schräglinker Mittelkreuzbalken - 26. Kopfschragen - 27. Mittelschragen - 28. Sparrenkopf - 29. Sturzsparrenfuß - 30. Sturzsparrenkopf - 31. Sparrenfuß - 32. Pfahldeichselkopf - 33. Göpelfuß - 34. Unterhalbkreiskopf - 35. Oberhalbkreisfuß - 36. Oberhalbkreiskopf - 37. Unterhalbkreisfuß - 38. Vierkopf(schaft) - 39. verkehrter Vierkopffuß - 40. pfahlweis nach oben und unten abgewinkelter Mittelkreuzbalken - 41. wechselseitiger Halbrücken-Kopfkreuzbalken - 42. nach unten abgewinkelter Sturzsparrenfuß - 43. nach oben und unten spitz abgewinkelter Kopfkreuzbalken - 44. spitz abgewinkelter Mittelsparren - 45. pfahlweis abgewinkelter schrägrechter Mittelkreuzbalken - 46. Fußschragen - 47. Doppelsturzsparrenkopf - 48. Doppelsparrenfuß - 49. Doppelsparrenkopf - 50. Doppelsturzsparrenfuß - 51. pfahlweis nach oben abgewinkelter Mittelkreuzbalken - 52. pfahlweis nach oben abgewinkelte vordere Kopfstrebe - 53. nach oben spitz abgewinkelter Mittelkreuzbalken - 54. Halbrückenkopfbalken - 55. Ankerfußpfahl - 56. pfahlweis nach oben abgewinkelter Sparrenkopfpfahl - 57. pfahlweis nach unten abgewinkelter hinterer Fußast - 58. Fensterrautenfußpfahl - 59. Ringkopfpfahl - 60. Sternfußpfahl - 61. Pfeilspitzenpfahl mit Kopfkreuzknospe - 62. rechtwinkelig geschnitten - 63. horizontal geschnitten - 64. vertikal geschnitten.

3. Hausmarken waren wie die Hausnamen mit dem Haus selbst verbunden und wechselten mit diesem jeweils bei Vererbung oder Verkauf den Besitzer.

4. In Gegenden, in denen Realteilung praktiziert wurde (d.h. wenn alle Kinder den elterlichen Besitz zu gleichen Teilen erbten), wurde die Hausmarke sowohl von dem Eigentümer als auch von allen Mitbewohnern geführt - unabhängig davon, ob sie miteinander verwandt waren oder nicht.

5. Hausmarken sind Besitzzeichen, die nicht nur an Häusern, sondern auch auf Grenzsteinen, Ackergeräten, als Viehbrandzeichen und auf Grabsteinen (s.S. 51) angebracht wurden.

6. Da die Hausmarke stets nur mit einem ganz bestimmten Haus verbunden war, aber nicht immer mit nur einer Familie, ist sie kein mit dem Familiennamen verbundenes Zeichen wie ein Familienwappen (siehe Kapitel I.13.), doch kann die Marke bei der Annahme eines Familienwappens in dieses einfließen - vorausgesetzt, es läßt sich eine enge Verbindung zwischen Hausmarke und Familie nach den Quellen beweisen.

Handwerker- und Warenzeichen

Im Spätmittelalter übernahmen einflußreiche Handwerker und Kaufleute in den Städten die bäuerliche Sitte, Marken zu führen. So kennzeichneten Kaufleute ihre Warenballen auf dem Transport und Handwerker - vor allem Steinmetze - brachten ihre Marken als Urheberzeichen an die von ihnen geschaffenen Werke. Damit kam diesen Marken in der Zunftwirtschaft eine wichtige Bedeutung als Eigentums-, Urheber- und Gütezeichen zu.

Beschreibung der Marken

Da Haus- und Hofmarken auch in Wappen übernommen und damit zu heraldischen Bildmotiven werden können, die einer exakten Beschreibung bedürfen, hat der Herolds-Ausschuß der Deutschen Wappenrolle 1967 zum ersten Mal den Versuch unternommen, eine verbindliche Terminologie einzuführen, die

vollkommen neue Begriffe vorschlägt, für die es bereits unmiß-
verständliche heraldische gibt, wie der Heraldiker Walter
Leonhard kritisierte. In jedem Fall ist zu empfehlen, bei der
Annahme eines neuen Wappens, das eine Hausmarke als Schild-
figur oder Helmzier enthalten soll, einen erfahrenen Heraldiker
zu Rate zu ziehen.

Abwandlung von Handwerkerzeichen zur Unterscheidung der Mitglieder innerhalb einer Steinmetz-Familie.

Gestaltung eines Famlienwappens mit alter Hausmarke.

Hausmarkensammlungen

Umfangreiche Sammlungen von Hausmarken befinden sich
u.a. im Stadtarchiv Trier, im Niedersächsischen Staatsarchiv
Oldenburg und für den Rhein-Mosel-Nahe-Raum in der Bibliothek der "Familienstiftung Pies-Archiv, Forschungszentrum Vorderhunsrück" in Dommershausen.

Literaturauswahl zu diesem Kapitel:
B. Koerner: *Handbuch der Heroldskunst* (4 Bde. 1920-1930);
Herold (Hrsg.): *Wappenfibel* (1967 - 15. Aufl. 1990);
W. Leonhard: *Das große Buch der Wappenkunst* (1978);
H. Spruth: *Die Hausmarke - Wesen und Bibliographie* (1960).

I.11. Schriften lesen und verstehen

Bei der Durchsicht von Kirchenbüchern, Dokumenten, Akten und Urkunden (siehe Kapitel I.17.) muß sich der Familienforscher vor allem mit alten Handschriften befassen. Das setzt zumindest die Kenntnis der im 19. und 20. Jahrhundert gebräuchlichen Deutschen Schreibschrift voraus. Da diese seit 1945 nicht mehr an unseren Schulen gelehrt wird, ist sie jüngeren Hobbyforschern weithin unbekannt. Mit Hilfe von entsprechenden Lehrbüchern ist sie jedoch relativ schnell zu erlernen. Übung macht auch hier den Meister - erst durch eigenes Schreiben, dann durch Lesebeispiele. Das ist die Grundlage, um die ersten 350 Jahre der eigenen Familiengeschichte zurückverfolgen zu können. Sollte es gelingen, noch weiter in die Vergangenheit vorzudringen, so empfiehlt es sich, einen Fachmann zu Rate zu ziehen, um sich gegebenenfalls eine Transkription (Übertragung des Originals in Maschinenschrift) oder eine Übersetzung herstellen zu lassen.

Da Kirchenbücher bis in jüngste Zeit meist in Latein geführt sind, ist in jedem Fall die Kenntnis einiger Vokabeln notwendig, um die Einträge in den Tauf-, Heirats- und Geburtsregistern verstehen zu können. Dabei hilft unser kleines Lexikon des Kirchenlateins (siehe Kapitel III unseres Handbuchs) weiter.

Entwicklung der Schrift

Als Hilfswissenschaft der Geschichte beschäftigt sich die Paläographie mit der Entwicklung der Schrift, den einzelnen Typen und Buchstaben. Bevor in der zweiten Hälfte des 19. Jahrhunderts die Schreibmaschine Einzug in die Amtsstuben fand, wurden alle Schriftsätze handschriftlich verfaßt. Vor Gutenbergs Erfindung der beweglichen Drucklettern um 1440 war Schrift gleichbedeutend mit Handschrift, die vor allem von Mönchen in den Klöstern und den Schreibern in den Hofkanzleien gepflegt wurde. Nach dem Prinzip "Wissen ist Macht" war allein das Bild jahrtausendelang das Instrument der Herrschaft, das die Schriftlosen unmündig hielt. Erst das gedruckte Buch ermöglichte den Bildungszugang für jedermann.

In Anlehnung an die karolingische Minuskel des 8. Jahrhunderts, die Ähnlichkeit mit der Antiqua-Druckschrift aufweist, entwickelten sich seit dem 15. Jahrhundert in romanischen Ländern Nachfolgeschriften. Dagegen wurde im deutschen Sprachraum seit dem frühen 14. Jahrhundert die gotische Kursive geschrieben, aus der sich dann verschiedene Nachfolgetypen und dann die Deutsche Schreibschrift entwickelte.

Besonderheiten

Abgesehen von dem persönlichen Schriftbild, die jede Handschrift aufweist, erfanden einige Schreiber eigene Abkürzungen, die sie für immer wiederkehrende Worte oder Floskeln gebrauchten. Neben diesen Persönlichkeitsmerkmalen, die von dem Fachmann meist durch den Sach- und Textzusammenhang entschlüsselt werden können, gab es früher allgemein gebräuchliche Besonderheiten:

- Zwei Buchstaben sind zusammengezogen bzw. miteinander verschmolzen. Diese sogenannten Ligaturen begegnen uns häufig auf alten Grabdenkmälern (Epitaphien) und bei älteren Druckwerken, wobei hier die Drucklettern zusammengegossen worden sind, z.B. ae zu æ.
- Wortanfang und Wortende können zusammengezogen sein, wobei der mittlere Wortteil weggelassen wurde (sogenannte Kontraktionen), z.B. *Deus* (Gott) kann zu *Ds* und *pater* (Vater) zu *pr* werden.
- Die Endung eines Wortes entfällt (Suspension), so steht z.B. *dom* für *dominus* (Herr) oder *sep* für *sepultus* (begraben). Dabei wurde häufig der letzte Buchstabe der Abkürzung überstrichen.
- Ein Wort wird auf einen oder wenige Buchstaben gekürzt (Abbreviation), wobei diese Kürzungen gelegentlich unterschiedliche Bedeutungen haben können. So kann z.B. *f* für *filius* (Sohn), *a d* für *anno domini* (im Jahre des Herrn), *l s* für

loco sigilli (an Stelle des Siegels) oder *m p* für *manu propria* (mit eigener Hand) stehen. Häufig gebrauchte Wendungen wurden ebenfalls abgekürzt, z.B. Anreden wie *Euer Liebden* zu E L.

- Durch Verdoppelung des Konsonanten wurde vor allem die Mehrzahl kenntlich gemacht, z.B. *DD* für *domini* (die Herren) oder *ff* für *filii* (die Söhne).

- Häufige Wörter wurden durch bestimmte graphische Zeichen ersetzt (Konvention), worüber die Schreiber zu gewissen Zeiten Übereinkunft erzielten. So bedeutete z.B. das Zeichen ∅ das Wort *obiit* (er oder sie ist gestorben) und das noch heute gebräuchliche kaufmännische & ersetzte das lateinische *et* (und).

- Besondere Zeichen und Abkürzungen waren auch bei Münzen, Maßen und Gewichten üblich (siehe Kapitel I.15.).

- Zu tilgende Textstellen, die heute durchgestrichen werden, wurden früher durch Unterstreichen oder Unterpunktieren gelöscht.

- Üblicherweise wurden Jahresangaben in römischen Zahlen geschrieben, wie sie auch heute noch gelegentlich verwendet werden, also I, II, III, IV, V, VI, VII, VIII, IX, X (1-10). Dann L für 50, C für 100, D für 500 und M für 1000. So erscheint z.B. 1564 als MDLXIV.

Auch die Monate werden in Kirchenbüchern häufig durch römische Ziffern gekennzeichnet. Dabei ist jedoch darauf zu achten, daß die Angaben VII[er], VIII[er], IX[er] und X[er] nicht etwa als siebter, achter, neunter oder zehnter Monat des Jahres (Juli, August, September, Oktober) zu lesen sind, sondern von der lateinischen Zahlenbedeutung abgeleitet sind und entsprechend *septem* (7) für September, *octo* (8) für Oktober, *novem* (9) für November und *decem* (zehn) für Dezember steht.

Seit dem 13. Jahrhundert kamen im deutschen Sprachraum neben den römischen auch arabische Ziffern auf, deren älteste Formen so aussehen: 1 2 3 8 5 6 1 8 9 10

Hilfe von Experten

Schriften muß man nicht nur lesen und entschlüsseln können, sondern man muß auch den Inhalt der Texte verstehen. Das ist häufig bei den komplizierten und unendlich langen Sätzen, altertümlichen Redewendungen und dem "Amtsdeutsch" der Kanzleien gar nicht so einfach. Floskeln wie z.B. "mit Halm, Hand und gichtigem Mund" scheinen für uns keinen Sinn zu machen, waren aber damals feststehende Wendungen, um einen Sachverhalt vor Gericht zu beschwören. Hier helfen oft nur Fachliteratur, intensive Beschäftigung mit alten Texten - oder Historiker weiter. Experten findet man sowohl an Universitäten unter Studenten der Geschichtswissenschaft mit höherer Semesterzahl oder an Archiven.

Literaturauswahl zu diesem Kapitel:
W. K. von Arnswaldt: *Handschriften für den Familienforscher* (1925);
H. Sturm: *Unsere Schrift* (1961);
K. Dülfer/H.-E. Korn: *Schrifttafeln zur deutschen Palöographie des 16.-20. Jhdts.* (1967).

Schriftbeispiele I

(1) Ausschnitt einer Urkunde, die in der Kanzlei der Grafen von Kleve im Jahre 1258 ausgestellt worden ist. (Hauptstaats-archiv Düsseldorf, Kloster Camp, Nr.128)	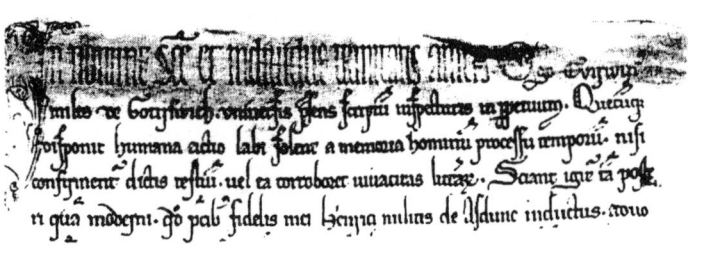
(2) Ausschnitt aus dem Lehnregister der Herzöge von Kleve 1476. (Hauptstaats-archiv Düsseldorf, Hs A III 24, fol. 76)	
(3) Ausschnitt aus einem Brief der Kurfürstin Elisabeth von Brandenburg an ihren Vetter Markgraf Georg den Frommen von Ansbach 1529 (Faksimilesamm-lung des Heraus-gebers)	
(4) Ausschnitt eines Briefes von Königin Luise an ihren Gemahl Friedrich Wilhelm III. von Preußen aus dem Jahre 1806 - ein Beispiel für Deutsche Schreibschrift. (Faksimilesamm-lung des Heraus-gebers)	

Schriftbeispiele II

	(5) Eintrag des Nürnberger Ratsherrn Ulman Stromer vom 24. Juni 1390 in sein "Püchel von mein geslecht und abenteuer" zur Gründung der ersten deutschen Papiermühle. (Germanisches Nationalmuseum, Nürnberg)
	(6) Ausschnitt einer Seite aus dem Taufregister mit einem Eintrag vom 5. Dezember 1579 der evang.-luth. Gemeinde in Kastellaun. (Archivstelle der Evangelischen Kirche im Rheinland, Koblenz)
	(7) Ausschnitt aus dem Buch der Kirchenfabrik Mannebach (kath.) 1730 mit zwei Hausmarken von Gerichtsschöffen. (Pfarrarchiv Beltheim, Hunsrück)
	(8) Aus einem Eintrag zur Stiftung einer Seelenmesse in die kath. Kirche Frankweiler 1858 im Buch der Kirchenfabrik. (Pfarrarchiv Beltheim, Hunsrück)

I.12. Mit Brief und Siegel

Ob Ernennung oder Belehnung, Beistandspakt oder Fehde-
brief, Landverkauf oder Urteil - der "offene Brief" hatte erst
dann Rechtsgültigkeit, wenn er durch die Hofkanzlei, die
Vertragsparteien oder den Richter durch Siegel urkundlich be-
glaubigt war (Siegelbeispiele siehe Seite 51 und Seite 54). War
das Siegel zerbrochen oder abgefallen, so waren Pergament oder
Papier praktisch wertlos. Mittelalterliche Siegel, die an Urkunden mittels Band oder Pergamentstreifen angehängt wurden,
bestanden aus Wachs. Sie wurden in Truhen aufbewahrt und
waren besonders durch Mäuse- oder Rattenfraß gefährdet. Um
dieses zu verhindern, vergiftete man z.T. das Wachs mit
Thallium.

Siegelkunde

Als historische Hilfswissenschaft beschäftigt sich die Siegelkunde (Sphragistik) mit der Geschichte des Siegelwesens. Der
Begriff *Siegel* stammt vom lateinischen Wort *sigillum*, eine
Verkleinerungsform von *signum* (Bild oder Zeichen). Das Siegel
wird durch Abdruck von einem Stempel (Typar oder Petschaft)
hergestellt.

Sehr viel älter als Wappen (siehe Kapitel I.13.), sind Siegel
schon vor mehr als 5000 Jahren im Orient benutzt worden.
Oströmische Kaiser und Päpste siegelten Urkunden seit dem
sechsten nachchristlichen Jahrhundert. Im Laufe des 13. Jahrhunderts wurden die Bildzeichen der Siegelbilder dann mehr und
mehr durch Wappenbilder ersetzt. Die Sphragistik unterscheidet
vier Hauptgruppen: Schrift-, Bild-, Porträt- und Wappensiegel.
Neben dem Adel führten dann auch immer mehr Bürger - vor
allem Kaufleute - eigene Siegelstempel, um damit ihre Geschäfte
rechtsverbindlich zu bekräftigen. Für Beamte (z.B. Rentmeister
oder Richter), Schöffen und höhere Militärdienstgrade war das
Führen eines Siegels notwendige Pflicht.

Siegel sind einer Person oder Institution zugeordnet, dienten als Briefverschluß oder zur Beglaubigung von Urkunden neben oder auch als Ersatz der Unterschrift. Der Richter lud Kläger oder Beklagte mit seinem losen Siegelabdruck, dem *sigillum citationis,* zum nächsten Gerichtstag, der an bekannten Terminen in regelmäßigen Abständen abgehalten wurde, so daß sich eine schriftliche Ladung meist erübrigte.

Der Siegelabdruck hatte Beweiskraft, wobei die Siegelfälschung gleich der Unterschriftsfälschung streng geahndet wurde. Päpste, Kaiser, Könige, Fürsten, Ritter, Städte und Gerichte siegelten ebenso wie Bürger. Wer keine eigene Petschaft besaß, der konnte einen Siegelzeugen bitten, für ihn ein Dokument zu besiegeln. Starb ein Siegelinhaber, so wurde sein Siegelstempel zerbrochen, weil niemand mehr damit siegeln sollte und durfte.

Stempel, Stoffe und Befestigungen

Siegelstempel wurden in Edel- oder Halbedelsteine, Elfenbein, Blei, Eisen, Bronze, Messing oder Gold geschnitten. Größere Stempel waren mit einem Holzgriff versehen, kleinere konnten hübsch gefaßt als Ring getragen werden.

Institutionen gebrauchten zum Schutz gegen mißbräuchliche Ablösung ihres großen Siegels *(sigillum maius),* das an wichtige Schriftstücke gehängt wurde, häufig ein kleineres Rücksiegel *(contrasigillum),* das sich dann später als sogenanntes Sekretsiegel verselbständigte.

Die Größe der Siegel schwanken je nach der Bedeutung der Institution oder der Rangordnung des Sieglers (siehe Seite 51). So haben z.B. Abdrücke der Majestätssiegel der habsburgischen Kaiser Rudolf II. und Karl VI. einen Durchmesser von 14 cm. Die Wachssiegel von Adeligen und Beamten des 15. und 16. Jahrhunderts sind dagegen in der Regel 2,5 bis 3,5 cm im Durchmesser groß, während die Abdrücke von behördlichen Kleinstsiegeln (Signeten) und privaten Ringsiegeln sogar weniger als 8 mm betragen konnten.

Beispiele persönlicher Siegel der klevischen Familie Pies, 15.-17. Jahrhundert

Alle Siegel mit einem Durchmesser von 2 bis 2,5 cm zeigen einen Wappenschild mit drei [2:1] sechstrahligen Sternen. (Siegelsammlung der "Familienstiftung Pies-Archiv, Forschungszentrum Vorderhunsrück", Dommershausen)

(1) Dreieckschild im spitzen Sechspaß und Umschrift ARNT PIES, Wachs (1415)

(2) Dreieckschild mit spitzrundem Dreipaß und Umschrift WOLTER PIES, Wachs (1458)

(3) Rundschild mit Stier als Schildhalter und Umschrift JOHAN PIES, Wachs (1456)

(4) Rundschild mit spitzem Sechspaß und Umschrift HENRICH PIES, Wachs (1458)

(5) Rundschild mit Rund und Umschrift JOHAN PIES, Wachs (1466)

(6) Rundschild mit spitzem und rundem Fünfpaß sowie Umschrift GOESSEN PIES, Wachs (1522)

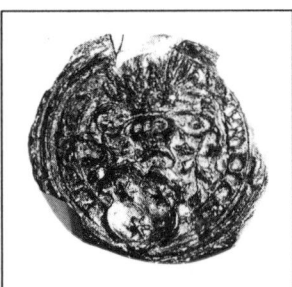

(7) Vollwappen mit Tartschenschild, Helm und Helmzier sowie Umschrift HENRICH PIES, Wachs (1553)

(8) Vollwappen ohne Umschrift (Dr. med. Willem Pies-Piso), Siegellack (1674)

(9) Schild mit Krone ohne Umschrift (Maria Margareta von Brandt geb. Pies), Siegellack (1677)

Siegel an kaiserlichen und päpstlichen Urkunden (Bullen) konnten in Blei, Silber oder gar Gold geprägt sein. Behörden und Privatleute benutzten dagegen bis zum Ende des 16. Jahrhunderts üblicherweise Wachs als Siegelstoff. Der Siegelabdruck wurde an die mit Kordel, Schnüren oder Pergamentstreifen durchzogenen Urkunden angehängt. Zum Ausgießen des Wachses wurden Formen benutzt, die der Größe des Siegelstempels entsprachen. Welche Farbe das Wachs hatte, war ursprünglich gleichgültig, doch galt Rot als besonders vornehm.

Wachssiegel an besonders wichtigen Urkunden wurden durch Holz- oder Blechkapseln, seit dem 16. Jhdt. gelegentlich auch durch verzierte Messing- oder Silberkapseln geschützt.

Seit dem 14. Jahrhundert wurde es üblich, die Petschaft auch auf ein mit Wachs unterlegtes kleines Papierblatt direkt auf die Urkunde zu drücken. Im 17. Jahrhundert verdrängten schließlich Siegeloblaten und Siegellack das Wachs. Geprägte Siegelmarken aus Papier (wie sie heute z.B. bei Notaren üblich sind) und Farbstempel sind Erfindungen der Neuzeit.

Je nach der Art der Anbringung an eine Urkunde unterscheidet der Fachmann eingehängte, angehängte, abhängende, aufgedrückte und durchgedrückte Siegel.

Siegelformen und -inschriften

Für den Familienforscher sind von den etwa 20 bekannten Siegelformen die schildförmigen, spitzovalen, ovalen und runden von besonderem Interesse, denn diese entsprechen den wichtigsten Schildformen der Heraldik: dem Normannen-, gotischen Dreieck- und dem Halbrund-Schild (vgl. Seite 52).

Die individuellen Siegelbilder kennzeichneten - wie die entsprechenden Wappen - die unterschiedlichen Familien. Innerhalb einer Familie unterschieden sich einzelne Familienzweige und Personen wiederum dadurch, daß sie das von allen Namensträgern geführte gleiche Siegelbild z.B. mit Bei- oder Zusatzzeichen versahen oder es in einen runden, spitzen oder runden und spitzen Drei-, Vier-, Fünf- oder Sechspaß bzw. ins Rund stellten und dann ihre Namen als Umschriften ins Siegel brachten. So konnte sich ein Siegler deutlich von anderen Familienmitgliedern unterscheiden, konnten sich Siegel als rechtsgültige Beglaubigungsmittel allgemein durchsetzen - und kann noch heute ein Siegel einer ganz bestimmten Person oder Institution zugeordnet werden.

Vom Siegel zum Wappen

Für den Familienforscher ist das Auffinden eines alten Siegels bei einem Vorfahren der namensgebenden Linie von besonderer Bedeutung - vor allem, wenn er bisher noch kein Wappen für seine Familie hat nachweisen können. Das Siegel ist dann die einzige authentische Quelle, um das Familienwappen durch einen Fachmann rekonstruieren zu lassen. Eine Fotografie oder einen Siegelabdruck vom Original fertigen Archive gegen Kostenrechnung an.

Literaturauswahl zu diesem Kapitel:
G. A. Seyler: *Geschichte der Siegel* (1894);
W. Ewald: *Siegelkunde* (1914/1972);
E. Kittel: *Siegel* (1970);
T. Diederich: *Rheinische Städtesiegel* (1984).

I.13. Alte und neue Familienwappen

Mit ihnen schlugen sich einst wackere Kämpen im staubigen Feld und auf den Stechbahnen farbenfroher Turnierfeste. Heute glänzen sie auf Briefpapier und Visitenkarten, schmücken Wappenfenster oder Weinetiketten und dienen sogar als Firmen- oder Markenzeichen: Die Waffen der Ritter, die zu Wappen von Noblen und Bürgern wurden.

Von den Waffen zu den Wappen

Den Panzer am Körper, den Helm auf dem Haupt, das Schwert an der Seite, den Schild im Arm: So präsentieren sich die mittelalterlichen Ritter hoch zu Roß in den alten illuminierten Handschriften. Aber die ritterlichen Waffen (mittelhochdeutsch *wâpen*) dienten nicht nur dem Angriff und der Verteidigung. Die farbig bemalten Schilde und phantasievoll geschmückten Helme waren seit dem 12. Jahrhundert gleichzeitig weithin sichtbare, unverwechselbare Symbole (Erkennungszeichen) der Personen, die bis zur Unkenntlichkeit gewappnet mit geschlossenem Visier gegeneinander stürmten. Nur diese Zeichen machten es möglich, Freund und Feind zu unterscheiden. Der geharnischte Ritter hatte nach langjähriger Ausbildung als Knappe und Junker im Dienst eines Ritters schließlich mit dem Ritterschlag seine persönlichen Waffen mit dem Wappenbild auf dem Schild erhalten. Von nun an war er seinem Landesherrn untertan und stand unter dessen Wappenbanner.

Die schweren Ritterrüstungen sowie die Schutzpanzer der Pferde wurden von speziellen Schmieden hergestellt. Die Harnische fertigten die Blattner, die Kettenhemden und beweglichen Teile die Panzermacher.

Das einmal aufs Schild und Panier gesetzte Bildsymbol vererbte sich vom Vater auf den Sohn. Über Annahme und Gebrauch dieser Identifizierungszeichen wachte ein amtlich bestallter Herold. Dieser führte nicht nur genau Buch über alle vergebenen Wappen, sondern er entwarf als Wappenschmied nach den strengen heraldischen Regeln die Symbole für Schilde und den Helmschmuck (die Helmzier), der in den seit dem 15. Jahrhundert veranstalteten unblutigen Kolbenturnieren vom Gegner abgestochen werden mußte.

Gewappneter Ritter zu Pferd.

Bei den zuvor üblichen blutigen Stechen dagegen mußte im Galopp der Gegner ebenfalls mit der Lanze, die einen Durchmesser von 8 bis 10 cm und eine Länge von rund 4 m hatte, aus dem Sattel gehoben werden. Dabei war es häufig zu tödlichen Unglücksfällen gekommen. So sah sich die Kirche genötigt, die Teilnahme an solchen Ritterspielen immer wieder zu verbieten: auf dem Konzil von Clermont im Jahre 1130 sowie auf den Laterankonzilen von 1139, 1179 und 1193. Im Jahre 1241 mußten bei einem Turnier zu Neuss allein 60 tote Ritter vom Platz getragen werden.

Darstellung von Handwerkern und Künstlern
nach Holzschnitten von Jost Amman 1568

Der Blattner

Der Briefmaler

Der Panzermacher

Der Glasmaler

Über die Turnierfähigkeit der teilnehmenden Ritter entschied die Helmschau. Dabei wurden die mit der Helmzier versehenen Helme einzeln vorgewiesen und jeder hatte Gelegenheit, im Zweifelsfall Bedenken gegen die Ritterbürtigkeit und ehrenhafte Lebensweise eines Bewerbers vorzubringen. Hatte sich jemand unrechtmäßig zum Turnier gemeldet, mußte er zur Strafe "auf der Schranke" sitzen und hatte seine teure Ausrüstung, die um 1500 bis zu 7000 Taler kosten konnte, verwirkt. Bedingung für die Zulassung zum Turnier war die ritterbürtige Abstammung des Teilnehmers bis zu seinen vier oder gar acht "Quartieren" (Großeltern, bzw. Urgroßeltern sowohl väterlicher- als auch mütterlicherseits). Vorgelegt wurde dabei die sogenannte Aufschwörung zu drei bis vier Generationen mit den Wappen des Probanden, seiner Eltern, Großeltern und Urgroßeltern (siehe Seite 53).

Entstanden sind die Wappen nach heutiger Überzeugung im zweiten Viertel des 12. Jahrhunderts im Zusammenhang mit den Kreuzzügen. Hauptbestandteile eines erblichen Familienwappens sind der Schild mit dem aufgemalten Schildbild und der Helm mit Helmzier und Helmdecken. Gemalt wurde nur mit den Metallen Silber und Gold (in der Glasmalerei und bei der Fahnenheraldik gelten Weiß und Gelb als entsprechender Ersatz) sowie den Farben Blau und Rot, Grün und Schwarz. Dabei galt (und gilt noch heute) der heraldische Grundsatz, daß Farben auf Metallen und Metalle auf Farben stehen müssen.

Die Symbole und "sprechenden Bilder" der Wappen - sie konnten auf Namen, Herkunft, Beruf und Eigenart des Schildträgers hinweisen - reichten vom Löwen bis zum Fabelwesen, vom Baum bis zur Rosen- oder Lilienblüte, vom Morgenstern bis zum Schmiedehammer, wobei Helmformen und Schilde im Laufe der Jahrhunderte je nach Mode wechselten (siehe Seite 52 und Seite 54).

Im 15. Jahrhundert hatte sich der Brauch, ein Wappen zu führen, auf den gesamten hohen und niederen (Beamten-) Adel, aber auch auf die führenden Schichten des Bürgertums, auf

Städte und Territorien ausgedehnt. Zu dieser Zeit waren die Wappen als Kennzeichen der Krieger durch Änderung von Kampftechniken und Rüstungen längst überflüssig geworden. Ihre große Rolle spielten die Wappen jetzt allein bei Turnieren. Hierfür waren die Herolde verantwortlich, die in Diensten einzelner Fürsten oder auch von Turniergesellschaften standen. Bei den Turnieren übten die Herolde die Funktion von Zeremonienmeistern aus. Aufgrund ihrer besonderen Wappenkenntnisse hatten sie bei der Helmschau vor dem Turnier die endgültige Entscheidung über die Turnierfähigkeit der einzelnen Bewerber. Die Herolde bekamen Amtsnamen, die aus ihrer jeweiligen Aufgabe abgeleitet wurden. Unter den Kaisern Maximilian I. und Karl V. zum Beispiel gab es Herolde für jedes Reich der kaiserlichen Titulatur. Auf die Herolde geht auch die Fachsprache zur Beschreibung der Wappen zurück - und nach ihnen heißt die Wappenkunde auch *Heraldik*.

Im 16. Jahrhundert schufen bedeutende Künstler prächtige Turnierbücher in leuchtenden Farben: so zum Beispiel Ludwig von Eyb zum Herttenstein, Hans Burgkmair und sein gleichnamiger Sohn, Hans Ostendorfer aus Regensburg, Lucas Cranach d. Ä., Caspar Sturm (genannt *Germania* oder *Teutschland*) und Georg Rixner (Reichsherold *Jerusalem*), der sein im Jahre 1530 in Simmern bei Hieronymus Rodler gedrucktes Turnierbuch dem Pfalzgrafen Johann II. von Pfalz-Simmern (genannt *Herzog Hans vom Hunsrück*) widmete. Dieses bekannteste und umfangreichste Turnierbuch seiner Art behandelt ausführlich 36 Turniere zwischen 938 und 1487, berichtet über die Veranstalter und Turniervögte, bringt lange Namenslisten der Teilnehmer und schildert den Verlauf der Turniere.

Nun schmückten die Wappenbilder als Eigentumszeichen auch die Eingangstore der Stammburgen, die Ölgemälde der Ahnengalerien in Schlössern und die Grabplatten in den Familiengruften und öffentlichen Kirchen. Sie wurden in Eisen als Ofen- oder Takenplatten gegossen, in Petschaften aus Gold und in Siegelringe aus Edelsteinen geschnitten, auf Trinkgläser geätzt, in Tafelsilber graviert und auf Porzellan gemalt. Wohlhabende Bürger, die sich weder Helm noch Schild schmieden ließen und auch nicht an Turniergestechen teilnehmen konnten, trugen ihre Wappen in den Glasfenstern ihrer Häuser zur Schau (s. S. 55) oder ließen sich mit ihnen durch bekannte Glasmaler in Kirchenfenstern verewigen. In späteren Zeiten schmückten sie mit ihren farbigen oder blindgeprägten Wappen ihr persönliches Brief- oder Geschäftspapier.

Jetzt bildete sich auch eine besondere Gilde heraus: die der Briefmaler, die nach den bekannten Vorbildern der heraldischen Turnierbücher Wappen für Adelige und Bürger auf Bestellung malten oder ganze Aufschwörungstafeln mit Ehewappen herstellten. Bei diesen Ehe- oder Allianzwappen wurde auf der heraldisch rechten oder sogenannten *Schwertseite* das spiegelverkehrte Wappen des Ehemanns und auf der heraldisch linken oder sogenannten *Spindelseite* das seitenrichtige Wappen der Ehefrau abgebildet (siehe Seite 53).

Der Briefmaler, der die Wappen nach bewährten Vorbildern zeichnete und kolorierte, ging bei seiner Arbeit nahezu rituell vor. Das hat sich aus guten Gründen bewährt, so daß wir auch heute noch bei der Wappenmalerei zweckmäßigerweise die gleichen Schritte nachvollziehen.

Zuerst werden in Tusche die Umrisse des Wappens auf Pergament oder Papier gezeichnet und mit den Umrissen auch die schwarzen Vollflächen mit Tusche ausgemalt. Die Tusche hat den Vorteil, daß sie später bei der Kolorierung die Farbe innerhalb der Tuschstriche hält, da diese etwas erhaben auf dem Pergament bzw. Papier stehen. Nun folgt die Tingierung (Färbung, Kolorierung) des Wappens: erst die Metalle, dann die Farben, Gold an erster Stelle, dann Silber, nun Purpur, Rot, Blau und Grün. Die Metalle wiederum, die ebenfalls erhaben auf der Fläche stehen, haben den Vorteil, die später hinzugefügten Farben genau abzugrenzen.

Da Gold und Silber aber schon damals teuer waren und zudem nach wenigen Jahrzehnten schwarz oxidierten, finden wir in den

*Der Reichsherold Georg Rixner
(genannt Jerusalem),
Holzschnitt von
Hans Burgkmair d.Ä. 1504.*

*Berühmte Künstler wie
Albrecht Dürer (1471-1528)
schufen künstlerisch gestaltete
Wappen für Adelige und Bürger.*

alten handkolorierten Wappenbüchern meist die heraldischen
Ersatzfarben Gelb für Gold und Weiß für Silber. Diese sind
damals wie heute auch in der Fahnenheraldik gebräuchlich (das
Bayerische Weiß-Blau zum Beispiel ist eigentlich Silber-Blau).

Für die Schwarz-Weiß-Darstellung in den gedruckten Büchern
entwickelte sich daneben ein besonderes System der Farb-
kennzeichnung durch kleine und große Buchstaben - dann auch
durch besondere Schraffuren, die Kupferstecher zu Beginn des
17. Jahrhunderts entwickelt haben. Dabei wird die Richtung der
Schraffur innerhalb des Schildes durch die Schildachse bestimmt. Helmzier, -decken und -wulst jedoch bleiben entsprechend der Längsachse des Papierrandes erhalten. Allgemein
gilt:

Metalle/Farben	Abkürzungen	Schraffuren
Gold [Gelb]	G, g	
Silber [Weiß]	S, s	
Schwarz	Sch, sch	
Rot	R, r	
Purpur	P, p	
Blau	B, b	
Grün	G, g	

Heutzutage prunken Wappen auf Flaschenetiketten und Zigarettenschachteln, bürgen für Winzer- und Braukunst oder wurden sogar zu Markenzeichen. Jedermann, gleich welchen Standes und welcher Herkunft, kann heute ein neues Familienwappen annehmen, das nach § 12 des *Bürgerlichen Gesetzbuches* schutzwürdiger Bestandteil des Familiennamens und im Zusammenhang damit im Mannesstamm vererbbar ist.

Bisher sind rund 2 Millionen solcher Persönlichkeitszeichen in halbamtlichen Wappenbüchern und -rollen registriert, wobei ein neugeschaffenes Wappen nicht mit einem bisher bekannten gleich sein darf. Auf das sogenannte *Prachtstück* müssen Bürgerliche allerdings verzichten: Die tierischen Schildhalter, seien es nun Löwe, Stier oder Einhorn (siehe Seite 70, Siegel Nr. 3), bleiben - wie auch der Bügelhelm (siehe Seite 54) - allein dem Adel vorbehalten.

Blasonierung

Von Fürsten verliehene und von amtlichen Herolden ausgestellte Wappenbriefe enthielten neben der farbigen Abbildung immer eine genaue Beschreibung (siehe Seite 54). Nach dieser sogenannten Blasonierung konnte ein geübter Briefmaler bzw. kann heute ein kundiger Heraldiker auch ohne Bildvorlage das Wappen zeichnen und tingieren (kolorieren). Die Heraldik entwickelte dazu eine besondere, unzweideutige Fachsprache. Dabei sind die Angaben *links* und *rechts* immer vom Schildhalter aus gesehen. Heraldisch rechts heißt also vom Betrachter aus links, heraldisch links vom Betrachter aus rechts.

Allianzwappen (Ehewappen) des Johann Ernst Boos von Waldeck und der Maria Ursula von Wonsheim an der evangelischen Kirche in Hüffelsheim.

Totenschild des Anton Boos von Waldeck (+1585) in der Schloßkirche zu Meisenheim.

Grabplatte des Anton Boos von Waldeck (+1585) in der Schloßkirche zu Meisenheim (links). Unten steht das Ehewappen seiner Eltern (Simon Boos von Waldeck und Margaretha Katharina Cratz von Scharfenstein), oben sein eigenes Ehewappen (er war mit einer entfernten Verwandten Elisabeth Boos von Waldeck verheiratet). - Grabstein des Hermann Stumpp von Waldeck (+1412) in der Paulus-Kirche Bad Kreuznach (rechts).

Fotos Meisenheim: Inschriften-Kommission der Akademie der Wissenschaften und Literatur Mainz; die beiden anderen stammen vom Autor.

Die Blasonierung beginnt immer mit dem Schild (man unterscheidet hier vor allem Dreieck-, Rund- und Tartschenschilde sowie runde und ovale Barockkartuschen, siehe Seite 54) und seinen Figuren. Der meist rot ausgeschlagene Helm erscheint immer in einer hellen Eisenfarbe: die frühen Topf- und Kübelhelmformen, der (später nur dem Adel vorbehaltene) Bügel- oder Spangenhelm, der häufig in Verbindung mit einer Tartsche gebräuchliche Stechhelm und der Visierhelm. Adelige Bügelhelme tragen oft noch ein Halskleinod: eine goldene Kette mit anhängender Goldmünze. Den Helm kann - je nach Stellung des Wappeninhabers - ein Helmwulst, ein Turnierhut, eine Rang- oder Adelskrone, ein Kurfürsten- bzw. Herzogshut zieren. Bei Pfarrern wird der Helm durch einen geistlichen Hut, bei Äbten, Bischöfen und Kardinälen auch durch eine Mitra (zusammen mit gekreuztem Pedum und Schwert, wenn sie gleichzeitig auch die weltliche Herrschaft ausübten) ersetzt.

Die Helmdecke aus Tuch, die den Helm vor Sonneneinstrahlung und allzu starker Erwärmung bewahren sollte und gleichzeitig als Nackenschutz diente, erscheint bei den frühen gotischen Dreieckschilden meist in geschlossener, mantelartiger Form, später als ornamental verspieltes Rankenwerk, das von dem Helm herabhängt und den Schild umrahmt.

Auf dem Helm sitzt die Helmzier oder das Helmkleinod als besonderes Persönlichkeitszeichen, wobei in der Regel das gesamte Schildbild oder ein Teil desselben mit seinen dort angegebenen Farben erscheint. Die Helmzier - die im unblutigen Turnier abgestochen oder abgeschlagen werden mußte - wurde aus Leinwand, Tuch, Pappe oder Leder plastisch hergestellt und auf den Helm gesetzt.

Sogenannte Pracht- oder Prunkstücke sind schließlich alle Beigaben um ein Vollwappen, die nicht wesentlich zum eigentlichen Wappen gehören. Es sind die (dem Adel vorbehaltenen) Schildhalter, die Wappenmäntel und -zelte, Bild- und Wortdevisen (Wappensprüche), Fahnen und Banner, Gnaden- und Ehrenzeichen. Dagegen kann eine bäuerliche Hausmarke durchaus Bestandteil eines bürgerlichen alten oder neu angenommenen Wappens sein (siehe Seite 61).

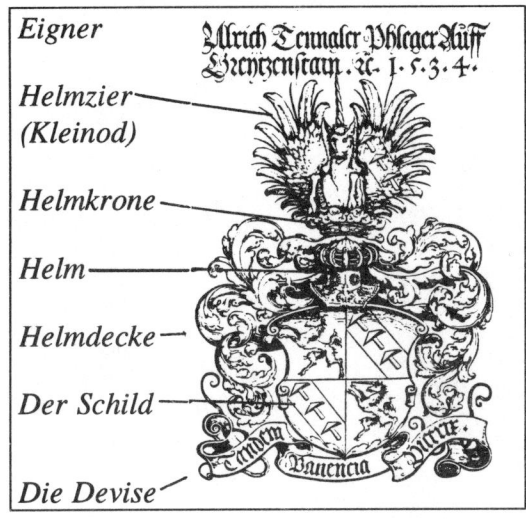

Eigner

Helmzier
(Kleinod)

Helmkrone

Helm

Helmdecke

Der Schild

Die Devise

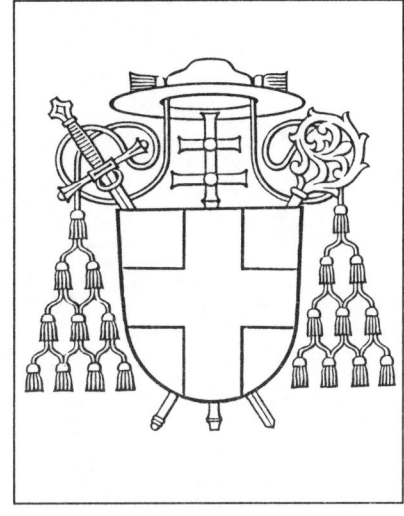

*Blasonierung (Beschreibung)
eines Wappens.*

*Wappen der Erzbischöfe und
Kurfürsten von Trier.*

Literaturauswahl zu diesem Kapitel:

J. Arndt: *Wappenbuch - Handbuch der Heraldik* (18. Aufl. 1990);

O. Neubecker: *Heraldik* (1977);

W. Leonhard: *Das große Buch der Wappenkunst* (2. Aufl. 1978);

E. Hennig: *Wappensammlungen in öffentlichem und privatem Besitz* (1983);

J. Siebmacher: *Wappenbuch von 1605* (1988);

J. Siebmacher: *Die Wappen bürgerlicher Geschlechter Deutschlands und der Schweiz* (5 Bde. 1971-1975);

J. B. Rietstap: *Armorial Général* (2 Bde. 1884, Neudrucke 1934 und 1966);

E. Pies: *Die Wappenfenster im Alten Pfarrhaus zu Dommershausen* (1993);

V. Rödel: *Krieger - Ritter - Freiherr, Entstehung und Wirken des Niederadels im Mittelalter* (1988);

Ottfried Neubecker: *Großes Wappen-Bilder-Lexikon der bürgerlichen Geschlechter Deutschlands, Österreichs und der Schweiz* (1992).

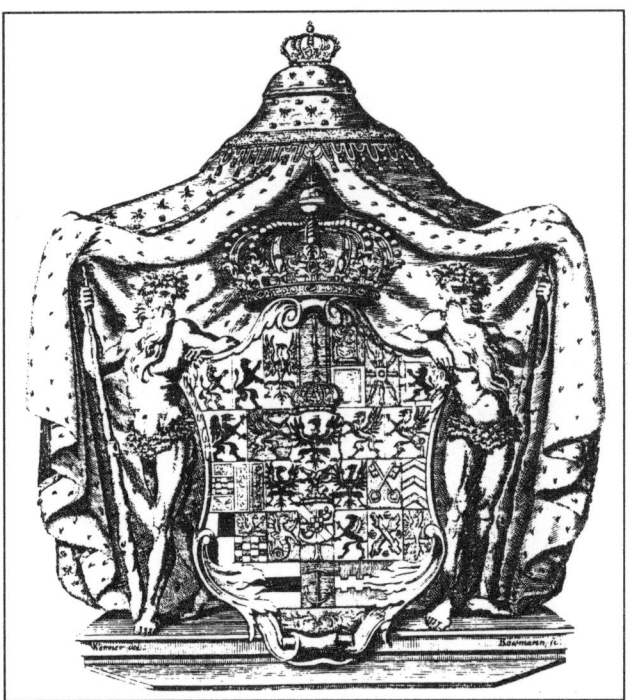

Beispiele aus Siebmachers "Wappen-buch": links Wappen des Königs von Preußen mit Königs-krone anstelle der Helmzier, Wappenzelt und Schildhaltern, wobei die Farben durch entsprechende Schraffuren gekenn-zeichnet sind; unten bürgerliche Wappen mit Kenn-zeichnung der Farben durch Buchstaben.

Bürgerliche. 54

DIE . MITTORPFF .   DIE . MIESINGER .   DIE . MONATSCHEIN .   DIE . MOHRN

DIE . MORETTO .   DIE . MOSER .   DIE . MULLER .   DIE . MULLER .

DIE . MYLNER .   DIE . NEBEL .   DIE . NEUMAN .   DIE . NEUMAN .

I.14. Zeitrechnung und Kalender

Die Zeitrechnungskunde (Chronologie) beschäftigt sich mit den unterschiedlichen Kalendersystemen von Kulturvölkern. Für den Familienforscher sind vor allem der Julianische und der Gregorianische Kalender sowie der Französische Revolutionskalender von Bedeutung.

Der Julianische Kalender

Der Julianische entwickelte sich aus dem Römischen Kalender. Er ist nach dem Kaiser Julius Cäsar benannt, unter dem nach Berechnungen von Astronomen der römische Kalender reformiert worden ist. Als der römische Abt Dionysius Exiguus im Jahre 525 n. Chr. den Tag der Geburt Christi auf den 25. Dezember und den Jahresbeginn auf den 1. Januar festlegte, begann die christliche Zeitrechnung. Seit 876 wurde in Deutschland die Jahreszählung "nach Christi Geburt" üblich. Dabei wurden allmählich die Tagesbezeichnungen des römisch-julianischen Kalenders durch die nach den "beweglichen" christlichen Festen und nach den immer auf den selben Monatstag fallenden "unbeweglichen" Heiligendaten abgelöst. Auch wurden die heute gebräuchlichen römischen Monatsnamen zum Teil durch die auf Karl den Großen zurückgehenden deutschen Bezeichnungen ersetzt:

Januar = Hartung, Februar = Hornung, März = Lenzing, April = Ostermond, Mai = Wonnemond, Juni = Brachmond, Juli = Heuert, August = Ernting, September = Scheiding, Oktober = Gilbhard, November = Nebelung, Dezember = Christ- oder Julmond. (Über die besondere Kennzeichnung der Monate mit römischen Ziffern in den Kirchenbüchern siehe Kapitel I.11.). Um die speziellen Tagesbezeichnungen des Julianischen Kalenders zu entschlüsseln und die entsprechenden Daten des heute gebräuchlichen Gregorianischen Kalenders herauszufinden, sollte die Literatur zu Rate gezogen werden (siehe Angaben am Schluß dieses Kapitels).

Der Gregorianische Kalender

Papst Gregor XIII. führte eine nach ihm benannte Kalender-reform durch, da der alte Julianische Kalender sich als zu ungenau erwies, wobei im Jahre 1582 der 15. Oktober sofort auf den 4. Oktober folgte. Die neue Zeitrechnung wurde in katholischen Ländern zu unterschiedlichen Daten zwischen 1582 und 1585 eingeführt, während in protestantischen Ländern erst 1700 der "verbesserte Kalender" übernommen worden ist, wobei in diesem Jahr der 1. März sofort auf den 18. Februar folgte.

Bei gemischter Konfessionszugehörigkeit der Bevölkerung wurden bis zum Jahre 1700 beide Kalender nebeneinander verwendet, so daß in Akten und Urkunden häufig beide Angaben zugleich vorkommen, die dann in Bruchform angegeben sind. Der Unterschied beider Kalender beträgt bis zum 1. März 1700 zehn Tage und bis zum 1. März 1800 elf Tage. Noch bestehende Abweichungen zum Osterfest veranlaßte die evangelischen Reichsstände 1775, auch diese Tage nach dem Gregorianischen Kalender zu bestimmen. Diese Kalenderbesserung wurde am 7. Juni 1776 durch kaiserlichen Erlaß für das gesamte Reich verbindlich.

Der Gregorianische Kalender wurde u.a. in Aachen am 11. Januar 1583, im Herzogtum Jülich-Berg am 13. November 1583, in Böhmen am 17. Januar 1584, in Friesland 1801, in Graubünden 1812, in Bulgarien 1916, in Galizien, Lettland und in Rumänien im 1. Weltkrieg, in Jugoslawien und Estland nach dem 1.Weltkrieg, in Griechenland und Rußland 1923 eingeführt.

Französischer Revolutionskalender

Nachdem die Franzosen das Rheinland besetzt hatten, bestimmte auch hier der von ihnen am 5. Oktober 1793 eingeführte französische Revolutionskalender die Zeitrechnung. Dieser Kalender galt rückwirkend vom 22. September 1792 an bis zum 31. Dezember 1805 und begegnet dem Familienforscher in zeitgenössischen Zivilstandsregistern und offiziellen Akten. Der Revolutionskalender teilte das Jahr in 12 Monate zu je 30 Tagen, denen sich fünf und in Schaltjahren sechs Ergänzungstage (jours complémentaires oder sansculottides) am Ende anschlossen (siehe nachfolgende Entsprechungstabelle). Das Jahr begann mit dem Monat Vendémiaire und schloß mit dem Fructidor. Durch ein Dekret Napoleons vom 9. September 1805 galt seit dem 1. Januar 1806 wieder der Gregorianische Kalender.

Literaturauswahl zu diesem Kapitel:
E. Bornmann: *Zeitrechnung und Kirchenjahr* (1964, mit Schiebetafel);
H. Grotefend: *Taschenbuch der Zeitrechnung des deutschen Mittelalters und der Neuzeit* (11. Aufl. 1971);
H. Lietzmann: *Zeitrechnung der römischen Kaiserzeit, des Mittelalters und der Neuzeit für die Jahre 1-2000 nach Christus* (4. Aufl. 1984);
W. Ribbe/E. Henning: *Taschenbuch für Familiengeschichtsforschung* (10. Aufl. 1990).

Entsprechungen Französischer Revolutionskalender/Gregorianischer Kalender						
Franz. Monate	**Revolutionsjahre/Entsprechungsdaten des Gregorianischen Kalenders**					
	I (1792/93) II (1793/94) V (1796/97) VI (1797/98)	III (1794/95) VII (1798/99)	IV (1795/96)	VIII (1799-1800) IX (1800/01) X (1801/02) XIII (1804/05) XIV (1805, 23.9.-31.12.)	XI (1802/03)	XII (1803/04)
01. Vendémiaire	22.09.	22.09.	23.09.	23.09.	23.09.	24.09.
30. Vendémiaire	21.10.	21.10.	22.10.	22.10.	22.10.	23.10.
01. Brumaire	22.10.	22.10.	23.10.	23.10.	23.10.	24.10.
30. Brumaire	20.11.	20.11.	21.11.	21.11.	21.11.	22.11.
01. Frimaire	21.11.	21.11.	22.11.	22.11.	22.11.	23.11.
30. Frimaire	20.12.	20.12.	21.12.	21.12.	21.12.	22.12.
01. Nivôse	21.12.	21.12.	22.12.	22.12.	22.12.	23.12.
10. Nivôse	30.12.	30.12.	31.12.	31.12.	31.12.	01.01.
30. Nivôse	19.01.	19.01.	20.01.	20.01.	20.01.	21.01.
01. Pluviôse	20.01.	20.01.	21.01.	21.01.	21.01.	22.01.
30. Pliviôse	18.02.	18.02.	19.02.	19.02.	19.02.	20.02.
01. Ventôse	19.02.	19.02.	20.02.	20.02.	20.02.	21.02.
09. Ventôse	27.02.	27.02.	28.02.	28.02.	28.02.	29.02.
10. Ventôse	28.02.	28.02.	29.02.	01.03.	01.03.	01.03.
30. Ventôse	20.03.	20.03.	20.03.	21.03.	21.03.	21.03.
01. Germinal	21.03.	21.03.	21.03.	22.03.	22.03.	22.03.
30. Germinal	19.04.	19.04.	19.04.	20.04.	20.04.	20.04.
01. Floréal	20.04.	20.04.	20.04.	21.04.	21.04.	21.04.
30. Floréal	19.05.	19.05.	19.05.	20.05.	20.05.	20.05.
01. Prairial	20.05.	20.05.	20.05.	21.05.	21.05.	21.05.
30. Prairial	18.06.	18.06.	18.06.	19.06.	19.06.	19.06.
01. Messidor	19.06.	19.06.	19.06.	20.06.	20.06.	20.06.
30. Messidor	18.07.	18.07.	·18.07.	19.07.	19.07.	19.07.
01. Thermidor	19.07.	19.07.	19.07.	20.07.	20.07.	20.07.
30. Thermidor	17.08.	17.08.	17.08.	18.08.	18.08.	18.08.
01. Fructidor	18.08.	18.08.	18.08.	19.08.	19.08.	19.08.
30. Fructidor	16.09.	16.09.	16.09.	17.09.	17.09.	17.09.
Ergänzungstage						
Fête de la vertu	17.09.	17.09.	17.09.	18.09.	18.09.	18.09.
Fête du génie	18.09.	18.09.	18.09.	19.09.	19.09.	19.09.
Fête du travail	19.09.	19.09.	19.09.	20.09.	20.09.	20.09.
Fête de l'opinion	20.09.	20.09.	20.09.	21.09.	21.09.	21.09.
Fête des recompenses	21.09.	21.09.	21.09.	22.09.	22.09.	22.09.
Fête de la Révolution	-	22.09.	-	-	23.09.	-

I.15. Währung und Geldwert, Maße und Gewichte

Die Münzkunde (Numismatik) und die Lehre von den Maßen und Gewichten (Metrologie) sind für den Familienforscher wichtige Hilfswissenschaften. Sie geben Aufschluß, welche Währung, Maße und Gewichte wo gültig waren, wieviel das Geld wert war und wie man alte Maße und Gewichte in heute gebräuchliche Einheiten umrechnen kann.

Numismatik

Wenn wir z.B. lesen, daß 1760 ein Tagelöhner ein *Kopfstück* verdient hat, so handelte es sich um eine 20-Kreuzer-Münze, das war damals der übliche Tageslohn eines Arbeiters. Im Jahre 1725 mußte in Preußen der Hausbesuch eines Arztes mit 1 Thaler honoriert werden, das entsprach fünf Wochenlöhnen eines Lakaien oder einer Köchin, sechs Wochenlöhnen einer Magd oder acht Wochenlöhnen eines Kindermädchens. Im 17. Jahrhundert kosteten z.B. im Kurfürstentum Trier 1 Pfund Roggenbrot 1 Kreuzer, 2 Liter Wein 8 Kreuzer, 1 Pfund Rindfleisch 4 1/2 Kreuzer, 7 Pfund Butter 1 Gulden und ein paar Schuhe 2 Gulden. Ein Bauer auf dem Hunsrück erwarb 1797 ein Pferd zum Preis von 105 Thaler, dagegen 1799 ein Haus für "nur" 325 Reichsthaler.

Jeder der deutschen Kleinstaaten hatte meist ein eigenes Münzregal, wobei die Münzen in Silber und Gold geprägt wurden. Ihr Realwert hing jeweils von ihrem Gewicht und dem Feingehalt des Edelmetalls ab. Deshalb prüften Händler die Münzen u.a. mit einer Geldwaage. Bei Handelsgeschäften von Land zu Land mußten sie die einzelnen Währungen jeweils umrechnen, wobei sie Tabellen zu Hilfe nahmen. So ist der Kastellauner Stadtrechnung von 1687 folgende Münzvergleichstabelle vorangestellt:

	Gulden	Kreuzer	Heller
1 Reichsthaler	1	30	-
1 Rheinischer Gulden	-	60	-
1 Badischer Gulden	-	53	1 $1/3$
1 Mosel Gulden	-	40	-

Vor dem 15. Jahrhundert war die im Kurfürstentum Köln gebräuchlichste kleinste Münze der kölnische Albus, eine silberne Scheidemünze zu 12 Heller. 78 gingen auf einen Reichsthaler. Die größere Münze war bis dahin der aus ganz feinem Gold ausgeschlagene Florin. 64 Stück gingen auf eine Mark. Aus dem Florin wiederum entwickelte sich der rheinische Goldgulden, dessen Zahlungswert ständig wechselte. Die häufigste kleine Münze nach dem 15. Jahrhundert war der Reichsalbus. Er hatte 8 leichte Pfennig oder 2 Kreuzer oder einen halben Batzen. 10 Reichsalbus machten ein Kopfstück aus, 30 einen Gulden, 32 eine Mark, 45 einen Reichsthaler.

Im Kurfürstentum Trier war im 17. Jahrhundert der trierische Gulden das allgemeine Zahlungsmittel. Gewöhnlich teilte man ihn in 60 Kreuzer, den Kreuzer zu 4 Pfennig gerechnet (1 Gulden = 240 Pfennig) oder in 15 Batzen und setzte den Gulden meist zu $2/3$ Thaler. 1726 wurde der Gulden zu 24 Albus (auch "Petermännchen" genannt, weil auf dem Albus-Münzstück der hl. Petrus zu sehen war) oder zu 200 Pfennig geteilt. 1750 wurde durch Konvention der deutschen Fürsten der Reichsthaler (1 Reichsthaler = 1 $1/2$ Reichsgulden) eingeführt. Er wurde zu 24 Albus (Petermännchen bzw. Weißpfennig genannt) oder zu 120 Kreuzer gerechnet, wobei ein Albus 8 Heller enthielt. Als nach der französischen Besetzung die Rheinlande 1816 preußisch wurden, war der Reichsthaler 24 Groschen 12 Pfennig wert. Durch das Münzgesetz vom 30. September 1821 wurde schließlich ein Reichsthaler zu 30 Silbergroschen, der Silbergroschen zu 12 Pfennig gerechnet (3 Kreuzer = 1 Silbergroschen).

Zu den Münzen der ein-
zelnen deutschen Länder ziehe
man die Literatur zu Rate. Im
allgemeinen galten folgende
Abkürzungen:

- d = denarius, Pfennig
- f, fl. = florinus, Gulden
- g, gr = grossus, Groschen
- kr, xr = Kreuzer
- lb = libra, Pfund
- Rthl., rtlr = Reichsthaler
- s, ß = solidus, Schilling
- Sgr, sgr. = Silbergroschen.

Der Münzmeister, Holzschnitt von
Jost Amman 1568

Metrologie

Wie bei den Münzen, so verhält es sich auch bei den Maßen
und Gewichten. Der Morgen - auch Joch, Juchart oder
Tagewerk genannt - entsprach als bäuerliches Flächenmaß der
Größe einer Ackerfläche, die man an einem Vormittag mit dem
landesüblichen Gespann pflügen konnte. Regional unterschiedlich
galten folgende Umrechnungswerte: in Baden 0,36 Hektar (ha) -
Bayern 0,34 ha - Braunschweig 0,25-0,33 ha - Hannover 0,26 ha
- Hessen 0,25 ha - Holstein 1,0 ha - Oldenburg 1,22 ha -
Preußen 0,255 ha - Sachsen 0,276 ha - Vorpommern 0,655 ha -
Westfalen 0,255 ha - Württemberg 0,315 ha. 1816 hatte ein
Preußischer Morgen 600 Ruthen, die Ruthe zu 12 Fuß (1 Mor-
gen = 7.200 Quadratfuß), entsprechend 9.657,95 m² oder
96,57 Ar bzw. 0,96 Hektar in heutigen Maßen.

Das Fuder, ein vor allem beim Wein gebräuchliches Flüssig-
keitsmaß, galt in Baden 15 Hektoliter, in Rheinpfalz 10, an der
Mosel 9,6 und in Preußen 8,24 Hektoliter.

Oder ein Kastellauner Kornmalter bestand aus 5, ein Hafer-
malter aus 4 Faß. 3 Kornfaß waren gleich 2 Hafermaß oder ein
Gemäß. Die Faß waren wieder in Sester, diese in Mäßgen oder
Quart eingeteilt. Das Kastellauner Malter wurde gleich 141,7416
Liter bzw. mit 8 Simmer zu 4 Sester, diese wiederum zu 4 Mäß-
gen gesetzt.

Ein Klafter schwankte als Raummaß für Brennholz je nach
Region zwischen 0,34 und 3,89 m³ - und als Längenmaß entsprach es der Spannweite der waagerecht ausgestreckten Arme
eines erwachsenen Mannes.

Auch die Krämergewichte (Pfund, Loth, Quintlein oder
Quentchen) wurden regional unterschiedlich bestimmt. Und die
Unze entsprach als altes Apothekergewicht [1]/12 Medizinalpfund
= 29,23 bis 35 Gramm, wurde jedoch meist mit 30 Gramm
gerechnet.

Literaturauswahl zu diesem Kapitel:
G. Hellwig: *Lexikon der Maße und Gewichte* (1989);
H. Kahnt/B. Knorr: *Alte Maße, Münzen und Gewichte* (1988);
F. Verdenhalven: *Alte Maße, Münzen und Gewichte aus dem deutschen Sprachgebiet* (1968).

I.16. Lebendige Vergangenheit: Histörchen und Historie

Hören Sie aufmerksam zu, wenn bei Familienfesten von "damals" erzählt wird. Wer das Glück hat, noch Großeltern oder eine alte Tante befragen zu können, der sollte die Gelegenheit nutzen. Diese Zeitzeugen können Ihnen vieles berichten, was in keinen Akten und in keinem Buch steht. Gelegentlich sind es auch Berichte, die weit zurückliegen und von Generation zu Generation überliefert worden sind. Und so manches Histörchen, das Sie für Legende gehalten haben, erweist sich später bei Ihren Nachforschungen vielleicht als wahre Geschichte. So kann die Vergangenheit auf besondere Weise lebendig werden. Denn Namen und Zahlen allein machen noch keine Familien-Chronik aus.

Sammeln und bearbeiten

Was Sie gehört haben, sollten Sie sofort schriftlich festhalten, bevor es aus Ihrem Gedächtnis verschwindet. Dabei ist es ratsam zu notieren, wann, wo und von wem Sie Ihre Informationen haben.

Wenn Ihre Eltern oder Großeltern in einem Dorf aufgewachsen sind, so sollten Sie dieses besuchen und die Bewohner befragen. Sie werden erstaunt sein, was Sie bei dieser Gelegenheit erfahren. Aber auch hier gehen mit den alten Leuten die Geschichten, die man sich an langen Winterabenden erzählte, verloren. Denn der Strukturwandel auf dem Lande und die Auflösung der gesellschaftlichen Einheit des Dorfes haben dazu beigetragen, daß heute der überlieferte einheitliche Lebensraum als politische, wirtschaftliche und kulturelle Gemeinschaft weitgehend verschwunden ist.

Das war noch vor einem halben Jahrhundert ganz anders. Da kannte jeder jeden, wobei man regen Anteil am Schicksal aller Dorfbewohner nahm. Immer war die Dorfgemeinschaft eng miteinander verbunden.

Buchtitel einer Sammlung mit Anekdoten und Literaturauszügen: Geschichten aus der Geschichte.

Durch eifriges Lesen und Suchen können Sie in regionalen Anekdotensammlungen, Heimatkalendern und den Veröffentlichungen des örtlichen Geschichtsvereins, aber auch in Schulchroniken, die früher von den Lehrern des Ortes handschriftlich verfaßt worden sind, in Hausbüchern und in manchen ungehobenen Manuskripten aus Privatbesitz Ihren Familiennamen - und mit viel Glück sogar einen Ihrer Vorfahren entdecken. Diese systematisch gesammelten "Zufallsfunde" bereichern Ihre Familienchronik auf interessante und manchmal auch amüsante Weise.

I.17. Dokumente - Akten - Urkunden

Dem Familienforscher begegnen bei seiner Suche in der Literatur immer wieder Ausdrücke wie "Dokumente", "Akten" und "Urkunden". Diese gilt es zu klären, denn vielfach werden sie fälschlich für ein- und dasselbe gebraucht, obwohl sie doch etwas ganz Unterschiedliches bedeuten.

Dokumente

Als Dokument (lateinisch *documentum*) wird im weitesten Sinne alles bezeichnet, was dazu dient, die Wahrheit eines Umstands oder einer Begebenheit zu beweisen. Das sind für den Familienforscher vor allem schriftliche und bildliche Zeugnisse der Vergangenheit, also Briefe und Handschriften sowie künstlerische Darstellungen oder fotografische Abbildungen von Personen und Baudenkmälern.

Aber auch überlieferte alte Gebrauchsgegenstände [z.B. Ehe- oder Verlobungsringe mit Namensgravuren, Siegelringe, Zeugnisse, Bücher mit Eignerzeichen (*"Ex libris"* lat. *"aus Büchern"*), auf denen häufig der Name des ehemaligen Inhabers mit seinem Familienwappen abgebildet ist] haben dokumentarischen Wert.

Exlibris des Dr. jur. Friedrich Christoph Langetl um 1640.

Akten

Akten (lateinisch *acta*) sind Sammlungen von Schriftstücken, die sich auf eine bestimmte Angelegenheit beziehen. Die einzelnen Gattungen sind nach der Stelle, bei welcher sie ergangen sind (z.B. Rats-, Gerichts-, Notariatsakten), vor allem aber nach ihrem Gegenstand (Prozeß-, Personal-, Nachlaß-, Hypothekenakten) benannt. Dabei werden die öffentlichen Akten der Staatsbehörden von den Manual-, Hand- oder Privatakten einzelner bei dem verhandelten Fall beteiligten Parteien unterschieden. Je nachdem, ob der Akteninhalt allgemeine Angelegenheiten oder spezielle Fälle betrifft, werden sie als *General-* und *Spezialakten* bezeichnet. Akten, die in Stadt-, Staats- und Kirchenarchiven aufbewahrt werden, sind zweckmäßigerweise so zusammengestellt, daß die zu einem Aktenband *(Aktenfaszikel)* gehörigen Stücke in chronologischer Ordnung zusammengefaßt und die Blätter (seltener die Seiten) numeriert *(paginiert)* sind.

Urkunden

Eine Urkunde (althochdeutsch *urchunda*) ist ein amtlich beglaubigtes (mit Unterschrift und Siegel versehenes) Schriftstück. Erst gegen Ausgang des Mittelalters werden vorwiegend die Schriftstücke, die "zu Urkund" einer Sache dienen sollen, *Urkunden* genannt. Im Gegensatz zum lässigen heutigen Sprachgebrauch, der den Begriff ausdehnt und darunter Urkunden, Zeugnisse, Denkmale und Quellen jeder Art versteht, definiert die Urkundenlehre *(Diplomatik)* sie als schriftliche, unter Beobachtung bestimmter Formen aufgezeichneter Erklärungen über Gegenstände rechtlicher Natur. Man teilt sie ein in öffentliche *(instrumenta publica)* und private *(instrumenta privata)* Urkunden, wobei letztere von nicht amtlichen Personen (z.B. von Verkäufern oder Käufern) ausgestellt worden sind. Heute gelten alle Schriftstücke, die von einem Gericht, einer anderen Staatsbehörde oder sonst von einer mit öffentlicher Glaubwürdigkeit versehenen Person (von einem Notar, Beamten oder Pfarrer) in ihrer Amtsfunktion ausgestellt worden sind, als Urkunde.

I.18. Bildträger: Fotokopien, Illustrationen, Fotos, Filme, Videos

Die heutige Technik ermöglicht auf vielfältige Weise, bildliche Quellen der Nachwelt zu erhalten.

Fotokopien

Originalurkunden aus Archiven können auf fotomechanischem Wege (z.T. sogar farbig) kopiert oder auf Dokumentenfilm (mit anschließender Rückvergrößerung) aufgenommen werden. Nahezu alle öffentlichen (Stadt-, Staats- und Kirchen-) Archive stellen ihren Besuchern die dazu notwendigen technischen Einrichtungen zur Verfügung bzw. fertigen die Aufnahmen gegen Gebühr in ihren Werkstätten her. Auf Wunsch kann man Kopien von Urkunden auch beglaubigen lassen. Auf diese Weise erwirbt man nicht nur ein Faksimile (lateinisch *fac simile = mach ähnlich*) des Originals für sein Familienarchiv, sondern kann die Quelle in aller Ruhe zu Hause auswerten.

Illustrationen

Bei jeder Gelegenheit sollten Sie Ausschau nach Illustrationen in alten Büchern halten. Hier finden Sie vielfach interessante Darstellungen von Personen und Berufen, Bauwerken und Städteansichten, die als zeitgenössische Holzschnitte, Kupferstiche, Lithographien und fotografische Abbildungen dokumentarischen Wert besitzen und die Sie als Fotokopie oder Filmabzug in Ihrem Archiv den entsprechenden Personen zuordnen sollten.

Fotos

Fotografien mit Personen- und Hausdarstellungen aus alten Familienalben stellen für Sie einen besonderen ideellen Wert dar, denn diese erlauben es Ihnen, sich buchstäblich ein Bild von längst verstorbenen Vorfahren und deren Besitz zu machen. So alt - so gut, doch vergessen Sie dabei nicht, jeden Ihrer noch lebenden Angehörigen zu fotografieren und Bilder von sich selbst ins Archiv zu legen. Dabei eignen sich Papierabzüge für Ihr Familienbildarchiv eher als Diapositive.

Daß Sie immer einen Fotoapparat bei sich haben, wenn Sie auf eine Ahnen-Reise gehen, versteht sich praktisch von selbst. Es wäre zu ärgerlich, wenn Sie bei dieser Gelegenheit z.B. einen alten Grabstein eines Vorfahren entdecken, den Sie nicht fotografieren können.

Schmalfilme

Treiben Sie noch Schmalfilme aus dem Besitz Ihrer Eltern oder Verwandten auf, so sollten Sie diese sorgsam in Ihrem Archiv aufbewahren. Schmalfilme können Sie auch auf Videokassette überspielen lassen. Diesen Service bieten Fachgeschäfte zu geringen Kosten. Sie wissen selbst am besten, daß die moderne Videotechnik längst den Schmalfilm abgelöst hat.

Videofilme

Bewegte Bilder mit Synchronton, die ohne mühsame Bearbeitung unmittelbar nach der Aufnahme abgespielt werden können, stellen eine authentische Art der Dokumentation dar. Auf diese Weise kann eine Person das ganzes Leben lang begleitet - oder sogar die ganze Familienchronik filmisch ins Bild gesetzt werden. Stellen Sie jedoch von allen Aufnahmen eine Sicherheitskopie her und lassen Sie sich vom Fachhandel beraten, wie man Videomaterial sachgerecht archiviert.

I.19. Tonträger: Bandaufzeichnungen

Bei Haushaltsauflösungen von verstorbenen Verwandten kommen manchmal erstaunliche Dinge zum Vorschein. So sollten Sie Tonbandspulen nicht achtlos auf den Müll werfen, bevor Sie diese nicht abgehört haben. Vielleicht sind darauf Reden zu Familienfesten festgehalten, die bestimmte Personen auf besondere Weise charakterisieren.

Können die alten Spulen auch nicht auf modernen Cassettenrecordern abgespielt werden, so sollten Sie auf jeden Fall versuchen, sich beim Fachhandel ein geeignetes Gerät auszuleihen, um das alte Magnetband abzuhören und es gegebenenfalls auf Cassette zu überspielen.

Eigene Dokumentationen

Für den engagierten Familienforscher ist es durchaus reizvoll, bei passenden Gelegenheiten selbst Tonaufnahmen herzustellen. So sollten Sie z.B. ältere Leute aus Ihrem Verwandten- und Bekanntenkreis aus deren Erinnerungen erzählen lassen und sie über längst vergangene Ereignisse oder ganz bestimmte Personen befragen. Dabei ist es ratsam, sich zuvor die Fragen, die man stellen will, schriftlich zu notieren. Bei Bedarf können Sie dann diese Aufnahmen aus Ihrem Archiv hervorholen und für sich auswerten, in schriftliche Form übertragen und als authentische Berichte von Zeitzeugen in Ihre Chronik aufnehmen.

II.20. Was noch auf alten Speichern zu finden ist

Leider kommt es immer wieder vor, daß wertvolles Material, das eine Familiengeschichte hätte bereichern können, bei Entrümpelungsaktionen achtlos weggeworfen wird: alte Bilder, Erinnerungsgegenstände und manchmal sogar wertvolle Handschriften - nur weil der Betreffende diese nicht lesen kann. Deshalb sollten Sie Ihre Verwandten darauf ansprechen und sie darum bitten, selbst einmal nachsehen zu dürfen, um zu retten, was später vielleicht unwiderbringlich verlorengehen kann.

Ungehobene Schätze

Auch auf manchen Pfarrspeichern liegen noch ungehobene Schätze wie Totenzettelsammlungen, alte Schulakten, Verzeichnisse von Meßstiftungen und frommen Schenkungen oder sogar die Bücher der ehemaligen "Kirchenfabrik", in denen die Geldgeschäfte der Gemeinde aus vergangenen Jahrhunderten verzeichnet sind. Besonders letztere können für den Familienforscher eine wichtige Quelle sein, um den Besitzstand seiner Ahnen zu dokumentieren.

Häufig befinden sich diese wichtigen Quellen in einem erbarmungswürdigem Zustand, weil sie über lange Zeit in ungeheizten und feuchten Räumen aufbewahrt wurden, schutzlos der Sommerhitze und der Winterkälte ausgesetzt und der Zerstörung durch Pilzbefall preisgegeben.

Wenn Sie erst einmal das Vertrauen des Pfarrers erworben haben, erlaubt er Ihnen vielleicht, bei Ihrer Expedition in die Vergangenheit das Schriftmaterial zu sichten und zu ordnen. Dabei sollten Sie ihn anschließend auf die wertvollsten Stücke aufmerksam machen, damit er diese in Zukunft besser aufbewahren kann.

I.21. Das Familienarchiv

Je nachdem, wie intensiv Sie Ihre Familiengeschichte betreiben, wird sich im Laufe der Jahre eine Fülle von Material ansammeln. Dieses sollte von Anfang an systematisch geordnet werden. Nur so können Sie jederzeit alles wiederfinden.

Rechtzeitig an die Erbfolge denken

Bedenken Sie dabei auch, daß Sie als Familienchronist nicht ewig leben und Ihre Sammlungen, in die Sie so viel Zeit und Arbeit investiert haben, eines Tages von einem Ihrer Erben übernommen werden soll. Halten Sie deshalb unter Ihren jüngeren Verwandten möglichst frühzeitig Ausschau nach einem geeigneten Nachfolger, der die Liebe zur Sache mit Ihnen teilt und den Sie in seine spätere Aufgabe einführen können. Sollte er nicht ihr vorgesehener Universalerbe sein, so bestimmen Sie ihn testamentarisch zum Verwalter des Familienarchivs, und fügen Sie Ihrem letzten Willen ein genaues Verzeichnis der Archivbestände bei, um spätere Erbstreitigkeiten zu vermeiden.

Finden Sie keinen geeigneten Nachfolger unter Ihren Verwandten, so sollten Sie Ihr Archiv dem familienkundlichen oder historischen Verein vermachen, dem Sie angehören. Hier wird es sicher aufbewahrt werden.

Leider zu oft ist die Lebensarbeit eines Familienforschers im Altpapier gelandet, die Sammlungen der wertvolleren Gegenstände unter den Erben verteilt und in alle Winde verstreut worden, nur weil er versäumt hatte, entsprechende Bestimmungen zu treffen.

Bibliothek

Zum Familienarchiv gehören Bücher, die Sie gesammelt haben. Dazu zählen u.a. Lexika, Biographien, allgemeine Geschichtsliteratur, heimatkundliche Bücher, spezielle Werke zur Genealogie und Heraldik, Quellenwerke (z.B. Urkunden- und Regestenbücher) und schließlich Veröffentlichungen, die unmittelbare Hinweise auf Ihre Familie enthalten. Diese Bestände sollten Sie von ihren übrigen Büchern trennen und in ein Regal stellen, das als Ihre Familienbibliothek ausgewiesen ist.

Dabei empfiehlt sich eine Ordnung der Bücher in entsprechende Abteilungen, die mit unmißverständlichen Signaturen versehen werden, z.B.:

B   für Biographien,
F   für Literatur mit unmittelbaren Hinweisen auf Ihre Familie,
G   für allgemeine Geschichtsliteratur,
GH für genealogisch-heraldische Werke,
H   für Heimatliteratur,
L   für Lexika,
Q   für Quellenwerke.

Die Bücher dieser Abteilungen sollten in der Reihenfolge ihres Erwerbs bzw. Eingangs mit fortlaufenden Ziffern (z.B. H 1, H 2 etc.) versehen werden (mit Bleistift auf die erste Seite). Kleben Sie die Signaturen auch auf den Buchrücken (Aufkleber!), um das Exemplar nach jeder Entnahme wieder an seinen gehörigen Platz stellen zu können.

Parallel dazu wird jedes Buch auf einer Karteikarte mit Autor, Titel, Verlag, Erscheinungsort und -jahr sowie der entsprechenden Bibliothekssignatur vermerkt. Diese Karten (ein Format von DIN-A 3 bietet ausreichend Platz) werden nun alphabetisch geordnet und in einem Karteikasten abgelegt, der zur Familienbibliothek gestellt wird.

Suchen Sie ein bestimmtes Buch in Ihrer Bibliothek, finden Sie es auf Anhieb unter dem Autorennamen im alphabetisch geordneten Katalog mit seiner entsprechenden Signatur, die Sie dann zielsicher zum Buch führt.

Die Geschichte Ihrer Familie

Ihre Familiengeschichte haben Sie in Aktenordnern in Form von Ahnentafeln und nach Personenzahlen numerisch abgelegten Stammblättern mit entsprechenden Illustrationen, Fotografien, Dokumenten und Urkunden in Klarsichthüllen geordnet. Je nach

Umfang sollten Sie die einzelnen Ordner beschriften und ebenfalls numerieren bzw. mit einer Signatur versehen.

Dabei empfiehlt es sich, ein alphabetisches Gesamtregister aller vorkommenden Familiennamen mit Hinweis auf die entsprechenden Personenzahlen anzufügen. Am einfachsten ist das mit einem Textcomputer (PC) zu bewerkstelligen, in den sie die Namensliste einspeichern, diese immer aktuell ergänzen und bei Bedarf ausdrucken. Steht Ihnen kein PC zur Verfügung, so sollten Sie für jeden Familiennamen eine Karteikarte anlegen, auf der Sie die Angaben (Namen und Personenzahlen) vermerken, immer wieder aktuell ergänzen und alphabetisch ordnen.

Wenn Sie eines Tages, nachdem Sie Ihren eigenen Familienzweig erforscht haben, die Arbeit auch auf andere verwandte Namensträger ausdehnen wollen, so werden Sie dazu zweckmäßigerweise die Darstellungsform der Stammlisten (siehe Kapitel I.3.) wählen, welche die Ordnung der Deszenten nach Stämmen, Ästen und Zweigen ermöglicht.

Fotonegativ-Archiv

Von allen Fotonegativen mit Bezug auf Ihre Familiengeschichte legen sie eine Stichwortkartei an und archivieren die Negative sorgfältig (z.B. unter der Signatur FN) mit fortlaufender Numerierung. Sie werden diese sicher ab und zu benötigen, um Papierabzüge herstellen zu lassen. Fachgeschäfte fertigen allerdings heute auch Direktabzüge von Bildoriginalen (Bild zu Bild) an.

Film- und Tonarchiv

Ihre gesammelten Filme, Videoaufzeichnungen und Tonbänder archivieren Sie mit Hinweisen auf entsprechende Personen und sachdienlichen Angaben (Einstellung des Laufzählwerks) z.B. unter der Signatur FT (Film- und Tonarchiv), was Ihnen jederzeit einen gezielten Zugriff ermöglicht.

Andere Sammelobjekte

Entsprechend dieser Systematik können Sie alle Objekte und Gegenstände archivieren, die Sie zusammengetragen haben (u.a. Ölgemälde, Siegel, Hausmarken und Wappen, Handwerksgeräte und Gebrauchgegenstände).

Mögen dem, der mit Familienforschung erst ganz am Anfang steht, die Empfehlung zur Ordnung und Archivierung von Material aller Art bürokratisch vorkommen, so wird er im Laufe seiner Arbeit feststellen, wie notwendig diese doch sind bzw. werden können. Wer gleich mit der richtigen Systematik beginnt, hat später weniger Arbeit und findet alles auf Anhieb wieder.

I.22. Der Familienverein

Sie haben viel gesammelt, geordnet und archiviert, sind bei Ihren Nachforschungen zu respektablen Ergebnissen gekommen und haben mit zahlreichen nahen und auch entfernten Verwandten und Namensträgern persönlich oder brieflich Kontakt aufgenommen. Das weckt Neugierde. Jetzt will man eine bestimmte Auskunft oder eine Fotografie von Ihnen haben, hat vielleicht von einem alten wiederentdeckten oder auch neu gestifteten Familienwappen gehört, von dem man gerne eine farbige Reproduktion hätte - kurzum: Sie werden zu einer gefragten Person. Das merken Sie vor allem an Ihren steigenden Porto-, Telefon-, Foto- und Kopierkosten.

Bisher haben Sie für Ihr Hobby einiges an Geld ausgegeben. Nun ist es an der Zeit, daß diejenigen, die an Ihren Forschungsergebnissen teilhaben wollen, sich auch an den Kosten beteiligen. Ihre Zeit und Ihre Arbeit können Sie ohnehin nicht in Rechnung stellen. Wie aber soll man das einem Bittsteller klarmachen, wenn er "doch nur einen einzigen Fotoabzug" von Ihnen haben will. Erfahrungsgemäß bleibt es eben nicht dabei - und Sie erhalten ja auch nicht nur eine Anfrage.

Wie können Sie sich in einer solchen Situation elegant aus der Affäre ziehen? - Gründen Sie einen Familienverband und erheben Sie Mitgliedsbeiträge!

Der Familienverband

Am Anfang genügt sicher die Mitteilung an mögliche Interessenten, daß der "Familienverband Schneider" ins Leben gerufen worden ist. Das geschieht völlig unbürokratisch, wobei Sie zur Mitgliedschaft in diesem Verband auffordern, in Ihrem Schreiben Sinn und Zweck der Interessengemeinschaft erläutern, die Höhe des Jahresbeitrags festsetzen und darum bitten, die beigelegte Beitrittserklärung ausgefüllt und unterschrieben an Sie zurückzuschicken.

Für den Beitrag, den Sie am Anfang nicht zu hoch ansetzen sollten, müssen Sie den Mitgliedern allerdings schon etwas bieten: z.B. auf Anfragen Auskunft aus Ihren Archivunterlagen erteilen, in regelmäßigen Abständen ein Familientreffen (etwa alle zwei Jahre) organisieren und einmal jährlich ein maschinengeschriebenes Informationsblatt verschicken, das sich vielleicht zu einer Familienzeitung entwickelt (siehe Kapitel I.23.). Selbstverständlich können Sie jetzt auch Bestellern die Herstellungskosten von Fotoabzügen und Fotokopien in Rechnung stellen.

Der eingetragene Verein (e.V.)

Ist das Interesse groß und wächst die Mitgliederzahl, so können Sie Ihren Familienverband offiziell als Verein eintragen lassen. Dazu müssen Sie erst einmal mit einigen Mitgliedern eine Gründungsversammlung einberufen, bei der eine Vereinssatzung verabschiedet und der Vorstand (bestehend aus dem 1. und 2. Vorsitzenden, dem Schatzmeister und dem Schriftführer) gewählt wird. Dieser Vorstand wird die Vereinsgeschäfte führen und den Verein in Rechtsverfahren vertreten.

Das Protokoll der Gründungsversammlung ist zusammen mit der Satzung dem für den zukünftigen Vereinssitz zuständigen Amtsgericht einzureichen, wobei im Begleitschreiben die Eintragung ins Vereinsregister beantragt wird. Dabei ist wichtig, daß die Satzung deutlich macht, daß es sich um eine ideelle Vereinigung handelt, die kulturellen Zwecken dient und keine wirtschaftlichen Ziele verfolgt. Das Recht der Idealvereine ist in §§ 21-79 BGB geregelt.

Wird dem Antrag stattgegeben - was in der Regel der Fall ist - so erhält der 1. Vorsitzende des Vereins einen amtlich beglaubigten Auszug aus dem Vereinsregister, aus dem die Registernummer, unter welcher der Verein eingetragen ist, hervorgeht. Jetzt kann der "Familienverband Schneider" den Zusatz "e.V." (eingetragener Verein) führen.

Der eingetragene Verein hat u.a. die Verpflichtung, jährlich eine Mitgliederversammlung unter vorheriger Bekanntgabe der Tagesordnung durchzuführen und eine Bilanz mit Einnahme-Ausgabe-Rechnung aufzustellen, die auf Verlangen vorzulegen ist.

Anerkennung der Gemeinnützigkeit

Läßt sich aus Namen und Satzung des Vereins schließen, daß es sich lediglich um einen Interessenverband einer (wenn auch Groß-) Familie handelt, so wird das zuständige Finanzamt dem Wunsch auf Anerkennung nach steuerbegünstigter Gemeinnützigkeit nicht entsprechen.

Um als gemeinnützig anerkannt zu werden (und damit in den Genuß von Steuervorteilen zu kommen), müssen aus der Vereinssatzung eindeutig gemeinnützige Ziele hervorgehen, d.h. die Tätigkeit des Vereins soll auf eine selbstlose (kulturelle oder wohltätige) Förderung der Allgemeinheit gerichtet sein. Erst wenn solche Ziele aus der Vereinssatzung hervorgehen, können Mitglieder ihre Vereinsbeiträge und Spenden bei der Einkommensteuer als Sonderausgaben geltend machen.

Die Stiftung

Weisen Sie den eingetragenen Verein als Stiftung aus und verankern in der Satzung die selbstlose kulturelle Förderung der Allgemeinheit ("Familienstiftung Schneider e.V."), so haben Sie und Ihre Mitglieder davon die meisten Vorteile:

- Sie bringen Ihr Archiv mit den Sammlungen als Stiftung in den Verein ein und sichern dadurch den Erhalt Ihrer Arbeit.
- Mitgliedsbeiträge und Spenden wirken sich steuerbegünstigend aus.
- Setzt ein anderes Vereinsmitglied die Stiftung als Erben ein, so entfällt die Erbschaftssteuer.

Die Vereinssatzung

Die Vereinssatzung setzt Ziel und Zweck der Gemeinschaft fest und regelt das Vereinsleben. Im allgemeinen enthält eine Satzung folgende Punkte, die als Paragraphen mit zahlreichen Unterpunkten aufgeführt sind:

§ 1 Name und Sitz des Vereins,
§ 2 Zweck des Vereins,
§ 3 Mitglieder,
§ 4 Beginn und Beendigung der Mitgliedschaft,
§ 5 Ehrenmitglieder,
§ 6 Beiträge,
§ 7 Organe des Vereins,
§ 8 Mitgliederversammlung,
§ 9 Vorstand,
§10 Beirat,
§11 Niederschrift,
§12 Auflösung des Vereins,
§13 Schlußbestimmungen.

Mustersatzungen können Sie beim Amtsgericht anfordern.

Familien- und Verbandstreffen

Wann ein Treffen Ihres nicht eingetragenen Familienverbands stattfindet, bestimmen Sie allein. Der eingetragene Verein (e.V.) dagegen hat einmal jährlich eine ordentliche Mitgliederversammlung durchzuführen. Nach den Berichten des Vorsitzenden, des Schatzmeisters und der gewählten Kassenprüfer, der Entlastung des Vorstands und den Neuwahlen sollten Sie den Mitgliedern ein Rahmenprogramm mit Vorträgen und Unterhaltung (z.B. Tanz) bieten, um den Gemeinschaftsgeist zu stärken.

I.23. Familienblätter und Vereinszeitung

Mitglieder eines Familienverbands oder Vereins haben ein Anrecht auf Information. Einige von ihnen können keinen persönlichen Kontakt pflegen und Familientreffen oder Mitgliederversammlungen besuchen, sei es aus räumlichen, gesundheitlichen oder anderen Gründen. Für sie stellt ein Nachrichtenblatt die einzige Verbindung zum Verband oder Verein dar. Fehlt auch diese, so muß man früher oder später damit rechnen, daß die Mitgliedschaft gekündigt wird.

Erscheinungsweise und Aufmachung

Für den Familienverband mit seiner noch überschaubaren Mitgliederzahl genügt ein Familienblatt (z.B. mit dem Titel "Nachrichten des Familienverbands Schneider"), das jährlich einmal erscheint. Mit der Schreibmaschine oder einer Textverarbeitung (PC) können Sie Nachrichten und Informationen auf A4-Blätter schreiben, die Sie anschließend in benötigter Anzahl fotokopieren, zusammenheften und mit der Post versenden.

Der eingetragene Verein mit meist zahlreicheren Mitgliedern sollte seine Zeitung oder Zeitschrift wenigstens zweimal im Jahr herausgeben. Zum einen hat ein Verein mehr mitzuteilen als ein kleiner Familienverband, zum anderen sollen durch eine häufigere Erscheinungsweise die Mitglieder enger an den Verein gebunden werden. Je nach Wahl als Zeitung im A4-Format geheftet oder als Zeitschrift im A5-Format gebunden, sollten diese Veröffentlichungen ansprechend aufgemacht sein. Hier empfiehlt sich auf jeden Fall, Texterfassung und Gestaltung mit einem PC vorzunehmen, die Abbildungen mit einem Scanner zu rastern und die Druckvorlagen über Laser- oder Tintenstrahldrucker auszugeben.

Dabei hat der Einsatz eines PC den weiteren Vorteil, daß Sie das gesamte Adressenmaterial über ein entsprechendes Programm verwalten, aktuelle Änderungen und Zusätze ohne Aufwand einarbeiten und auf einen Befehl die formatierten

Adressenaufkleber für den Versand der Zeitung oder Zeitschrift ausdrucken können (siehe Kapitel I.5.).

Ob Sie nun die Druckvorlagen selbst fotokopieren, zusammentragen und heften, oder ob Sie das fertige Produkt in einer Druckerei herstellen und verarbeiten lassen, ist eine Zeit- und Kalkulationsfrage, wobei Umfang, Auflage und Aufmachung (Verarbeitung) den Preis bestimmen. Höhere Auflagen können jedoch meist preisgünstiger von einer Druckerei hergestellt werden.

Redaktionelle Konzeption und Inhalt

Bevor Sie ein Informationsblatt, eine Zeitung oder Zeitschrift für Ihren Familienverband oder Verein herausgeben, müssen Sie sich Gedanken über die redaktionelle Konzeption machen, die den Inhalt bestimmen wird.

Die erste Seite sollte immer mit einem besonders interessanten Artikel oder einer spannenden Geschichte aufgemacht werden, die je nach Umfang auf Seite 2 fortgesetzt werden kann. Außerdem sollte auf der ersten Seite die aktuellste Nachricht aus dem Vereinsleben eingerückt werden (z.B. Einladung zum nächsten Treffen des Familienverbands oder zur Jahreshauptversammlung des Vereins unter Angabe von Datum, Zeit, Ort und Tagesordnung).

In der ersten Jahresausgabe wird auf Seite 2 oder 3 der Kassenbericht des Vereinsschatzmeisters (mit der Einnahme-Ausgabe-Rechnung) abgedruckt und der Haushaltsplan des laufenden Jahres vorgestellt. Auf den folgenden Seiten wechseln Nachrichten, Kommentare und Berichte, Reportagen und ausführliche Beiträge in bunter Folge. Themen, die immer wieder behandelt werden, sollten unter der gleichen Überschrift erscheinen.

Solche festen Rubriken können z.B. sein: *Aus dem Vereinsleben* (mit Nachrichten über die Entwicklung der Mitgliederzahlen, Heiraten, Geburten, Todesfälle, Ehrungen etc.), *Gesucht & gefunden* (Anfragen und Antworten zu ge-

DIE PIES-CHRONIK

Mitgliederzeitung des gemeinnützigen eingetragenen Vereins
Familienstiftung Pies-Archiv, Forschungszentrum Vorderhunsrück

| 7. Jahrgang | Nr. 13/1992 |

Im September wird wieder gefeiert:

Eröffnung des Alten Pfarrhauses und Hauptversammlung des Vereins

Am 12. September 1992 ist es soweit: Das 1837 erbaute Alte Pfarrhaus in Dommershausen wird nach einjährigen Sanierungsarbeiten von der Gemeinde Dommerhausen offiziell dem gemeinnützigen eingetragenen Verein *Familienstiftung Pies-Archiv, Forschungszentrum Vorderhunsrück* zur Nutzung als Museum, Archiv und Bibliothek übergeben.

Die Handwerker schlossen ihre Arbeiten im Frühjahr 1992 ab, so daß mit der Einrichtung des Hauses vor wenigen Tagen begonnen werden konnte. Bis September sollen auch alle 14 Wappenfenster im Erdgeschoß von der Glaskünstlerin Elisabeth Neumann-Wagner gestaltet und eingebaut sein. Die erste Ausstellung im Raum des Vorderhunsrückmuseums steht unter dem Thema "Dommershausen - Geschichte eines Hunsrückdorfs". Unter dem gleichen Titel wird 1993 ein umfangreiches Buch in unserer Schriftenreihe erscheinen. Das Knochenflickermuseum wird mit der Ausstellung "Richter und Knochenflicker Pies" eröffnet. Zur Einweihung des alten Pastorats mit Museum, Archiv und Bibliothek erscheint eine Festschrift unter dem Titel "Neues Leben im alten Haus", die zum Preis von DM 5,00 erworben werden kann.

Die Bestände von Archiv und Bibliothek zur Orts- und Personengeschichte vor allem des Hunsrück-Mosel-Eifelgebietes sowie von Ost- und Westpreußen werden erstmals der Öffentlichkeit im Besucherraum zugänglich sein. Öffnungszeiten und Benutzerordnung für Archiv- und Bibliotheksbenutzer sind aus der Festschrift ersichtlich.

Unsere diesjährige Jahreshauptversammlung des Vereins wird zusammen mit der Einweihung des Hauses stattfinden. Dazu sind alle Mitglieder und Freunde unseres Vereins herzlich eingeladen.

Programm für Samstag, den 12.9.1992, in Dommershausen

11.00 Uhr Jahreshauptversammlung des Vereins im kleinen Saal des Gemeindehauses. Tagesordnung: Bericht des Vorsitzenden - Bericht des Schatzmeisters - Bericht der Kassenprüfer - Entlastung des Vorstands - Neuwahl der Kassenprüfer und des Beirats - Ehrungen verdienter Vereinsmitglieder. Imbiß- und Getränkestände werden für unser leibliches Wohl an diesem Tag sorgen.

15.30 Uhr Eröffnung des Alten Pfarrhauses als Museum, Archiv und Bibliothek des eingetragenen gemeinnützigen Vereins "Familienstiftung Pies-Archiv, Forschungszentrum Vorderhunsrück" mit offiziellen Ansprachen - musikalische Umrahmung durch den Musikvereins Dommershausen.

18.00 Uhr Dankgottesdienst in der Pfarrkirche St.Markus mit Pfarrer Heiner Pies und dem Kirchenchor Dommershausen.

Erste Seite einer Ausgabe der Mitgliederzeitung eines eingetragenen gemeinnützigen Vereins.

suchten Ahnen), oder *Für Sie vorgelesen* (Bücherschau mit Hinweisen auf besonders interessante Neuerscheinungen zur Genealogie und Heraldik). Solche Rubriken werden erfahrungsgemäß gern gelesen und tragen zur Leser-Blatt-Bindung bei.

Versäumen Sie nicht das Impressum einzurücken, das Vereinsnamen, Anschrift, Telefon, Auflagenhöhe, Erscheinungsfolge, Namen und Anschrift des verantwortlichen Redakteurs und die Namen der Mitarbeiter der jeweiligen Ausgabe ausweist - und fordern Sie immer wieder die Mitglieder auf, Schriftbeiträge einzuschicken.

Umfang

Der Umfang einer Ausgabe richtet sich sowohl nach den Muß-, Soll- und Kannbeiträgen als auch nach den finanziellen Mitteln, die der Vorstand im Einvernehmen mit dem Schatzmeister im Rahmen des Haushaltsplans zur Verfügung stellt. Eine Zeitungsausgabe sollte wenigstens 8 Seiten, eine Zeitschriftenausgabe wenigstens 24 Seiten stark sein. Achten Sie darauf, daß einzelne Beiträge nicht zu lang sind. Umfangreichere Aufsätze sollten im Bedarfsfall in Fortsetzungen abgedruckt werden.

Sollte es Ihnen gelingen, Anzeigen bei Mitgliedern oder Geschäftspartnern gegen Bezahlung zu akquirieren, so kann diese Maßnahme dazu beitragen, die finanziellen Aufwendungen des Vereins für die Herstellung der Zeitung oder Zeitschrift zu senken.

Sonderveröffentlichungen

Zahlreiche Vereine publizieren umfangreiche Quellenwerke und Forschungsergebnisse, die von allgemeinem Interesse für den Familienforscher sind, in eigenen Buchreihen. Diese Veröffentlichungen, die von Vereinsmitgliedern mühevoll erarbeitet worden sind (u.a. auch Familien-, Bürger- und Ortssippenbücher sowie Chroniken einzelner Familien), erscheinen in kleinen Auflagen meist zum Selbstkostenpreis.

I.24. Krönender Abschluß:
Die Familien-Chronik

Die Früchte am Baum der Erkenntnis lassen sich erst pflücken, wenn sie reif sind. Der krönende Abschluß unserer Familienforschung bildet die eigene *Familien-Chronik,* in der die Ergebnisse jahrelanger Arbeit in gebundener Form zusammengefaßt werden.

Die Vergangenheit ist niemals tot

Abschluß? - Eine Familien-Chronik ist niemals wirklich beendet. Sie gibt allenfalls die Geschichte zum Zeitpunkt ihrer Veröffentlichung wieder. *Denn Vergangenheit ist niemals tot; sie ist nicht einmal vergangen* hat der amerikanische Schriftsteller William Faulkner (1897-1962) einmal geschrieben.

Der Chronist und seine Familie bildet nur das vorläufig letzte Glied der Kette. So formulierte schon Johann Wolfgang von Goethe (1749-1832):

> *Wohl dem, der seiner Väter gern gedenkt,*
> *Der froh von ihren Taten, ihrer Größe*
> *Den Hörer unterhält und still sich freuend*
> *Ans Ende dieser schönen Reihe sich geschlossen sieht.*

Und in der musikalischen Legende *Palestrina* des Komponisten Hans Pfitzner (1869-1949) heißt es:

> *Nun schmiede mich, den letzten Stein,*
> *an einen Deiner tausend Ringe,*
> *Du Gott, und ich will guter Dinge und friedvoll sein.*

Generationen kommen und gehen: Großeltern sterben, Kinder heiraten, Enkel erblicken das Licht der Welt. Und in Zukunft wird noch so manche Entdeckung von bisher unbekannten Quellen bestehende Lücken schließen und die Vergangenheit erhellen können. So fügt sich ein Glied und ein Mosaiksteinchen an das andere und trägt dazu bei, das Bild mehr und mehr abzurunden. Erst die Vergangenheit erschließt uns die Gegenwart - und von da gelingt es vielleicht, einen Blick in die Zukunft zu werfen.

Aufbau einer Familien-Chronik

Die "große Geschichte" mit ihren politischen, wirtschaftlichen, sozialen und religiösen Strukturen hat das Schicksal unserer kleinen Familie zu jeder Zeit beeinflußt und geprägt. Ohne Kenntnis dieser historischen Zusammenhänge und Voraussetzungen können wir unsere "Geschichte von unten" nicht verstehen.

Deshalb beginnen Sie Ihre Chronik mit einer kurzen Geschichte der Stammheimat Ihrer Familie. Diese können Sie meist aus der bereits publizierten Literatur zusammenschreiben.

Im zweiten Kapitel beschäftigen Sie sich mit den Wurzeln Ihrer Familie, der Bedeutung Ihres Familiennamens und der ersten urkundlichen Erwähnung, stellen das alte oder neu gestiftete Familienwappen in einer farbigen Abbildung mit heraldisch fachgerechter Blasonierung (siehe Seite 80) vor und erläutern die Berufe (z.B. Müller oder Schneider, Beamte, Pfarrer oder Ärzte), die besonders häufig in Ihrer Familie vorkommen.

Es folgt die Personengeschichte Ihrer Familie, der Sie Stammbäume, Ahnen- bzw. Stamm- oder Nachfahrentafeln voranstellen. Diese können auch wegen ihrer meist großen Formate gefaltet in eine auf dem Innendeckel des Buches eingeklebte Tasche aus Karton oder Kunststoff eingelegt werden. Die Tasche sollte auch genügend Platz für spätere Nachträge bieten.

Ist die Chronik allein für Ihre engere Familie bestimmt, empfiehlt sich die Darstellungsform einer nach Personennummern geordneten Ahnenliste (Aszendenz) entsprechend der Ahnentafel, die mit dem oder den Probanden beginnt und den Personen der ältesten Generationen und den höchsten Personennummern endet.

Wollen Sie dagegen alle Nachfahren eines bestimmten Stammelternpaares erfassen, so wählen Sie die Darstellungsform der nach Stämmen, Ästen und Zweigen geordneten Nachfahrenliste (Deszendenz) entsprechend der Stamm- oder Nachfahrentafel mit entsprechender Generationen- und Personenbezifferung (siehe Kapitel I.3.), wobei Sie mit dem Stammelternpaar beginnen

Eike Pies

GESCHICHTE
DER HUNSRÜCKER
KNOCHENFLICKERFAMILIE
PIES

Feldscherer und Chirurgen,
Salbenkocher,
Heilpraktiker und Ärzte

Titelseite einer Familienchronik.

und mit den Personen der jüngsten Generation enden. Dabei können auch die von Ihnen ermittelten Vorfahren der jeweils angeheirateten Frauen bei ihren Ehemännern wiederum in Form von Ahnentafeln eingefügt werden.

Ob Sie nun die Darstellungsform der Aszendenz oder der Deszendenz wählen, in jedem Fall sollten Sie die einzelnen Ehepaare in ausführlichen Biographien vorstellen - bebildert mit Illustrationen und fotografischen Abbildungen. Chronologisch geordnet folgen nun Urkunden und Dokumente zur Geschichte und den einzelnen Personen Ihrer Familie. Den Schluß bilden die Literatur- und Quellenverzeichnisse, Personen- und Ortsregister.

Gestaltung und Aufmachung

In Ihre Familien-Chronik haben Sie viel Arbeit und Zeit investiert, deshalb verdient sie auch eine besondere Aufmachung. Da Tafeln und Übersichten erheblich Platz benötigen, empfehlen wir ein großes Papierformat (DIN A-4). Text und Seitenlayout lassen sich ansprechend mit einem PC gestalten und über einen Laser- oder Tintenstrahldrucker ausgeben. Illustrationen und Fotos können bei kleiner Auflage nach der Bindung einzeln eingeklebt, sollten aber bei genügend großer Auflage über einen Scanner gerastert und zusammen mit dem Text ausgedruckt werden. Die heutige Technik bietet dabei erstaunliche Möglichkeiten der professionellen Gestaltung und Herstellung.

Betrachten Sie Ihre Arbeit als ein vorläufiges Ergebnis, so legen Sie Ihre fertigen Chronikblätter erst einmal lose in einen passenden Schuber. Später können Sie dann ihre ausgedruckten Exemplare von einem Buchbinder einbinden lassen - je nach Wunsch und finanziellen Möglichkeiten in Leinen, Leder oder Pergament.

Pflichtexemplare

Denken Sie daran, den Archiven, aus deren Beständen sie geschöpft haben, ein kostenloses Pflichtexemplar abzuliefern. Damit sichern Sie gleichzeitig Ihre Arbeit.

II. Praktische Tips

II.1. Ein guter Anfang:
Dokumente in Familienbesitz

Jede Familie besitzt zumindest ein Stammbuch, das bei der Heirat vom Standesamt ausgehändigt und bei Personenstands-veränderungen (Tod eines Ehepartners, Geburt der Kinder) ergänzt wird. Aus diesem gehen Namen und Daten der Eheleute und die Namen der Eltern von Mann und Frau hervor. Da anzunehmen ist, daß Sie auch das Stammbuch bzw. die entsprechenden Urkunden ihrer Eltern und Schwiegereltern geerbt haben bzw. diese leicht beschaffen können, verfügen Sie über gesicherte Namen und Daten bis zu Ihren Großeltern.

Vom Stammbuch zum Ahnenpaß

Auf Anhieb kommen Sie einige Generationen weiter, wenn Sie noch einen sogenannten Ahnenpaß in Ihrer Familie auftreiben können. Die an sich traurige Tatsache, daß jeder Bürger während des "Dritten Reiches" seine arische Abstammung nach-weisen mußte, führte bis 1945 zu einer intensiven Ahnen-forschung mit amtlichen Zeugnissen über drei und mehr Generationen. Wenn Sie nicht bei Ihren Eltern oder Großeltern fündig werden, sollten Sie einmal bei nahen Verwandten nach-fragen.

Urkunden und Briefe

Ältere Geburts-, Tauf-, Heirats- und Sterbeurkunden, Meister-briefe, Diplome, Zeugnisse, Approbationen, Auszeichnungen und Ehrungen, Tagebücher oder Poesiealben kommen meist bei hartnäckigen Nachforschungen im Verwandtenkreis ebenso ans Tageslicht wie persönliche Briefe von Vorfahren, die über Leben, Arbeit und Schicksale von Personen berichten und interessante Zeitdokumente darstellen. Gelingt es Ihnen nicht, diese im Original zu erwerben, so sollten Sie davon in jedem Fall Fotokopien anfertigen und diese Ihrem Archiv einverleiben.

Bilddokumente

Alte Fotoalben aus Familienbesitz sind für den Ahnenforscher eine wahre Fundgrube. Bei der Durchsicht werden Sie einige Personen sicher sofort erkennen, andere wiederum werden Ihnen unbekannt sein. Fragen Sie deshalb ältere Familienmitglieder nach Namen und Verwandtschaftsgrad. Notieren Sie diese auf Etiketten, die Sie dann auf die Rückseite des Fotos kleben. Das erleichtert Ihnen später die Identifikation. Will man Ihnen die Originalbilder nicht überlassen, so sollten Sie diese refotografieren oder von ihnen Abzüge herstellen lassen, um Sie dann den betreffenden Personen in Ihrem Archiv zuzuordnen.

Gebrauchsgegenstände

In nahezu jeder Familie werden noch Erinnerungs- und Gebrauchsgegenstände aufgehoben. Das Handwerkszeug des Großvaters, eine Taschenuhr mit persönlicher Widmung, eine Familienbibel oder ein alter Schrank zum Beispiel können zu Objekten Ihrer Sammelleidenschaft werden. Wenn Sie sich einmal systematisch auf die Suche (z.B. auf Speichern) begeben, werden Sie erstaunt feststellen, was dabei alles ans Tageslicht kommt.

II.2. Urkundliche Belege: Standesämter

Haben Sie Ihre persönlichen Dokumente ausgeschöpft und kommen bei Ihrer Ahnensuche nicht mehr weiter, nutzen Sie die Möglichkeit, schriftlich Auskünfte bei den zuständigen Standesämtern einzuholen. Dort werden die Zivil- bzw. Familienstandsregister geführt und aufbewahrt.

Das Bürgerliche Gesetzbuch

In den von den Franzosen besetzten linksrheinischen Gebieten regelte das am 21. März 1804 durch Napoleon erlassene "Bürgerliche Gesetzbuch" die rechtliche Stellung des Menschen, das u.a. die offizielle Beurkundung der Familienverhältnisse vorschrieb. Dieser *Code civil* oder *Code Napoleon* fand z.B. auch Eingang in das *Badische Landrecht*. Die Beurkundung des Personenstands durch Geburt, Verheiratung und dem Ende durch den Tod, das zuvor allein durch die Pfarrer in den Kirchenbüchern vorgenommen worden war, ist so den bürgerlichen Behörden übertragen worden.

Die Pflicht zur Beurkundung des Personenstands ist in Deutschland allgemein durch Gesetz vom 6. Februar 1875 eingeführt worden. Dabei wurde festgelegt, daß die Beurkundung beim zuständigen Standesamt durch Eintrag in das Standesregister (bestehend aus Geburts-, Heirats- und Sterberegister) zu erfolgen hat, dessen Führung einem bürgerlichen Zivilstands- oder Standesbeamten übertragen wurde.

Praktisches Vorgehen

Besitzen Sie z.B. als letzte urkundlich gesicherte Quelle das Heiratsdatum Ihrer Groß- oder Urgroßeltern mit Angabe des Heiratsortes, schreiben Sie an das heute für den Bezirk zuständige Standesamt unter Angabe der Namen und des Datums mit der Bitte, die entsprechenden Geburtsurkunden der Eheleute herauszusuchen und zu beurkunden. Diese werden Ihnen dann gegen Gebühr zugestellt.

In den Geburtsurkunden sind wiederum die Eltern (mit Herkunftsort und meist auch deren genauen Lebensdaten unter Angabe der betreffenden Standesämter und Registernummern) sowie die Zeugen genannt. Ausgehend von den hier erwähnten gesicherten Namen und Daten starten Sie nun erneute Anfragen an die Standesämter, bis die Quellen versiegen.

Datenschutz

Eine persönliche Einsichtnahme in die Standesregister ist aus Gründen des Datenschutzgesetzes nicht möglich. Deshalb müssen Sie den unbequemen und manchmal auch zeitraubenden Weg des Schriftverkehrs wählen.

Dabei ist zu beachten, daß Auskünfte und Urkunden nach dem Personenstandsgesetz nur dann erteilt werden dürfen, wenn die Person, auf die sich der Eintrag bezieht, ein direkter Vorfahre von Ihnen ist oder Ihr Ehegatte bzw. ein direkter Abkömmling Ihnen eine entsprechende Vollmacht erteilt hat. Das Gesetz regelt, daß Personendaten nur dann weitergegeben werden dürfen, wenn deren Tod über 100 Jahre zurückliegt. In Übereinstimmung mit dem Bundesbeauftragten für Datenschutz hielt 1988 der Petitionsausschuß in einer Eingabe an den Bundesminister des Innern es für sinnvoll, die geltende Regelung so zu ändern, daß die Daten von Personen bei berechtigtem Interesse weitergegeben werden dürfen, wenn deren Tod 30 Jahre oder deren Geburt 120 Jahre zurückliegt.

II.3. Bis ins 16. Jahrhundert zurück: Kirchliche Archive

Parallel zu den Nachforschungen über die Standesämter finden Sie in kirchlichen Archiven Ihre Ahnen. Unterlagen über die jüngere Zeit liegen in den zuständigen Pfarrarchiven, während ältere meist in den Archiven der Landeskirchen oder Bistümer aufbewahrt werden. Bei dieser Arbeit ist die in unserem Verlag erschienene Loseblattsammlung *Aktuelle Adressen und Informationen für Familienforscher* unentbehrlich. Sie gibt Auskunft über staatliche und kirchliche Archive, nennt die wichtigsten Archivbestände und führt alle genealogisch-heraldischen Vereine (unter Angabe der von ihnen herausgegebenen Publikationen und der Mitgliedsbeiträge) an.

Kirchenbücher

In protestantischen Gemeinden werden seit der Reformation Kirchenbücher mit Personenregistern geführt. Katholische Gemeinden haben diesen Brauch meist zu Anfang des 17. Jahrhunderts übernommen.

Die Angaben in Kirchenbüchern gehen erheblich weiter zurück als in den Standesregistern und sind entsprechend in chronologisch geführte Tauf-, Heirats- und Sterbebücher (Matrikel) unterteilt, wobei auch Eintragungen zu Konfirmationen und Kommunionen nicht fehlen. Gelegentlich sind auch Krankheiten und Todesursachen in den Sterbematrikeln vermerkt. Allerdings sind in den Taufbüchern - besonders in den Registern der Frühzeit - nicht immer die Geburtsdaten der Täuflinge festgehalten, jedoch werden stets die Namen der Paten (die hauptsächlich aus dem Verwandtenkreis stammten) angegeben. Vielfach wurde das Neugeborene noch am Tage seiner Geburt getauft, spätestens jedoch 3 Tage danach.

Auf Wunsch stellen Pfarrer und Archive gegen entsprechende Gebühr urkundlich beglaubigte Auszüge aus den Kirchenbüchern auch in deutscher Übersetzung aus.

Eine Bibliographie gedruckter Tauf-, Trau- und Totenregister sowie der Bestandsverzeichnisse im deutschsprachigen Raum ist 1991 von Eckart Henning und Christel Wegeleben unter dem Titel *Kirchenbücher* erschienen.

Andere Quellen

Kirchenbücher sind bei weitem nicht die einzigen Quellen, die der Familienforscher in kirchlichen Archiven finden kann. Da gibt es Totenzettelsammlungen und Leichenpredigten, Verkündbücher und Verzeichnisse von Stiftungen wie z.B. Seelenmessen, Visitationsberichte und Protokolle der kirchlichen Laienrichter (Sendschöffen) und die Bücher der sogenannten Kirchenfabriken, in denen alle Geldgeschäfte der Gemeinde festgehalten worden sind. Sie können dazu beitragen, spannende Einzelheiten über unsere Vorfahren ans Licht zu befördern, ihr Schicksal, ihren Lebenswandel und sogar ihre Vermögensverhältnisse zu erhellen.

Nicht zuletzt sind hier noch alte Schulakten zu finden, denn die Aufsicht über die Bildung der Bürger und die Berufung von Lehrern oblag ursprünglich den örtlichen Pfarrern, bis diese Funktion durch das preußische Schulaufsichtsgesetz vom 11. März 1872 auf den Staat überging.

Selbst nachforschen

In den meisten Fällen gestatten Ihnen die Pfarrer bei vorheriger Anmeldung, die Kirchenbücher der Gemeinden einzusehen - zumal ihnen die Zeit fehlt, selbst Nachforschungen im Auftrag durchzuführen. In den überregionalen kirchlichen Archiven ist ohnehin Eigenarbeit angesagt. Auch hier sollten Sie sich wegen der wenigen Arbeitsplätze, die zur Verfügung stehen, rechtzeitig anmelden.

II.4. Und noch mehr:
Archive im In- und Ausland

Vor allem im Zweiten Weltkrieg sind zahlreiche Kirchenbücher abhanden gekommen oder zerstört worden. Zudem sind die Bücher aus den ehemaligen deutschen Ostgebieten nur schwer zugänglich. Sollten Sie auf ein solches Problem stoßen, so haben Sie dennoch gute Aussichten, Ihre Forschungsarbeiten erfolgreich fortzusetzen.

Rettungsanker in Amerika

Hilfe bietet in diesen Fällen die "Genealogische Gesellschaft der Kirche Jesu Christi der Heiligen der Letzten Tage" (Mormonen). Sie besitzt in ihrem Archiv in Salt Lake City/USA mehrere Millionen verfilmter Kirchenbücher aus ganz Europa, von denen viele schon vor 1938 aufgenommen worden sind. Die Religionsgemeinschaft unterhält in 12 deutschen Städten eigene Arbeitsräume, wo die im amerikanischen Zentralarchiv bestellten Kirchenbuchfilme über Lesegeräte eingesehen werden können. Die Anschriften der deutschen Forschungszentren sind in unserer Loseblattsammlung *Aktuelle Adressen und Informationen für Familienforscher* veröffentlicht.

Vergangenheit zum Leben erwecken

Standesämter und kirchliche Archive liefern Ihnen vorwiegend Namen und Lebensdaten von Personen. Doch diese allein machen noch keine Familienchronik aus. Lebendig wird die Vergangenheit für den Ahnenforscher erst, wenn er mehr über Lebensumstände und Schicksal seiner Vorfahren erfährt.

Die entsprechenden Informationen kann er aus historischen Quellen beziehen, die in Stadt- und Staatsarchiven aufbewahrt werden. Diese verwalten Urkunden und Akten von mehreren Millionen Regalkilometern, die z.T. bis ins frühe Mittelalter zurückreichen. Die Bestände sind für jedermann zugänglich und durch Verzeichnisse erschlossen.

Der Mühe schöner Lohn

Wenn Sie nicht einen Berufsgenealogen gegen Honorar beauftragen wollen, müssen Sie schon selbst die Stadt- und Staatsarchive besuchen, um dort zu arbeiten. Ist dieses einerseits auch mit viel Zeitaufwand und einiger Mühe verbunden, so winken auf den schönen Entdeckungsreisen in die Vergangenheit andererseits zahlreiche Erfolgserlebnisse.

Findbücher und Bestandsverzeichnisse in den Archiven erleichtern Ihnen dabei die Arbeit. Sie müssen nur wissen, was Sie suchen und wo Sie es finden können, ob in Urkatastern oder Ratsprotokollen, in Kämmereirechnungen, Zinsregistern, Untertanen- oder Bürgerlisten, ob in Belehnungs- oder Bestallungsurkunden, Gerichtsakten oder notariellen Verfügungen. Dabei beraten Sie fachkundige Archivare, an die Sie sich jederzeit wenden können.

Spuren, die ins Ausland führen

Wenn Sie bei Ihren Nachforschungen einen Vorfahren entdecken, der aus dem Ausland nach Deutschland gekommen ist, so sollten Sie den internationalen genealogischen Dachverband *Confédération Internationale de Généalogie et d'Héraldique,* 448 New Jersey Avenue S.E., Washington D.C. 20003, USA anschreiben und ihn um Kontaktadressen von ausländischen Vereinen bitten. Diese wiederum können Ihnen sicher weiterhelfen. Dabei sollten Sie nicht vergessen, Ihrem Schreiben einen internationalen Antwortschein beizufügen.

II.5. Ungeahnte Schätze:
Privatarchive und Museen

Außer öffentlichen Archiven gibt es zahlreiche Privatarchive von Adeligen und Bürgern, die nicht für jedermann zugänglich sind. Stadt- und Staatsarchivare kennen jedoch meist diese "Geheimadressen" und sind vielleicht bereit, Ihnen wertvolle Tips zu geben, damit Sie dennoch die dort lagernden Schätze einsehen und heben können.

In einigen Fällen können Sie sich aber auch ohne weitere Mühe weiterhelfen, denn die Bestände der bedeutendsten nichtstaatlichen Archive sind in Urkunden- und Regestenbüchern veröffentlicht. Diese finden Sie in den Handbüchereien öffentlicher Archive und in größeren Bibliotheken.

Öffentliche Sammlungen

Leichter haben Sie es da schon bei den zahlreichen großen und kleinen Museen. Doch sollten Sie bei Ihren Besuchen immer bedenken, daß es sich hier meist nur um eine Auswahl der vorhandenen Sammlungsstücke handelt. Was Sie nicht an Wänden oder in Vitrinen entdecken, könnte im Magazin versteckt liegen.

Wenn Sie auf der Suche nach einem ganz bestimmten Bild oder einem konkreten Gegenstand sind, sollten Sie sich an die Museumsleitung wenden. Hier gibt man Ihnen Auskunft, ob das Museum das gesuchte Objekt besitzt oder wo Sie es eventuell finden können.

Heimatmuseen: Klein aber fein

Bei Ihren Entdeckungsreisen sollten Sie den kleinen Heimatmuseen besondere Aufmerksamkeit schenken, denn diese bieten erfahrungsgemäß ein breites Spektrum von Sammlungsgegenständen aus der regionalen Kulturgeschichte und zur Volkskunde. Die Anschriften und Sammlungsschwerpunkte können Sie einem "Museumsführer" entnehmen, der in Buchhandlungen erhältlich ist.

Beachten Sie jedoch bei Ihrem Besuch, daß in den meisten Museen das Fotografien der Gegenstände aus Sicherheitsgründen verboten ist. In jedem Fall können Sie aber bei der Museumsleitung eine Abbildung bestellen, die Ihnen später gegen Rechnung zugestellt wird.

II.6. Gemalt und gemeißelt: Zeugnisse auf Glas, Holz und Stein

Zumindest einen Urlaub sollten Sie einplanen, um die Heimat Ihrer Ahnen zu besuchen. Bei dieser Reise werden Sie nicht nur Land und Leute näher kennenlernen. Wenn Sie sich genügend Zeit nehmen, die Augen offen halten und dabei auch noch Glück haben, werden Sie vielleicht einige Dinge entdecken, die Ihr Forscherherz höher schlagen lassen.

Um diese Zeugen der Vergangenheit jedoch identifizieren zu können, bedarf es einiger Vorkenntnisse. Wie sonst wollen Sie etwas einordnen oder gar wiedererkennen, wenn es Ihnen nicht zuvor schon bei Ihrer Forschungsarbeit begegnet ist. Kennen Sie z.B. die Hausmarke Ihrer Vorfahren nicht, werden Sie diese auch nicht beachten, wenn sie Ihnen zufällig in einem Kirchenfenster oder auf einem Grabstein begegnet. Deshalb sollten Sie Ihre Entdeckungsfahrt erst dann antreten, wenn Sie die grundlegenden Schreibtischarbeiten bereits abgeschlossen haben - und vergessen Sie nicht, Ihre Kamera mitzunehmen!

Kirchen und Friedhöfe

Gehen Sie über die Friedhöfe und besuchen Sie auf jeden Fall die Kirchen. Sehen Sie sich hier vor allem die farbigen Glasfenster, die künstlerisch gestalteten Epitaphe, die meist auf Holz gemalten Totenschilde, die aus Metall gegossenen oder in Stein gehauenen Grabplatten und -kreuze genau an und versuchen Sie, die Wappen, Hausmarken und Inschriften zu entschlüsseln. Mit den Kenntnissen, die Sie sich im Laufe der Zeit angeeignet haben, wird Ihnen das sicher nicht allzu schwerfallen. Das Glück, dabei den eigenen Ahnen zu begegnen, die hier sichtbare Spuren ihres Daseins hinterlassen haben, wird nur dem Tüchtigen zuteil, der zudem sich nicht durch Fehlschläge entmutigen läßt und seine Ziele hartnäckig verfolgt.

Flur und Feld

Achten Sie auch auf Grenzsteine und Kreuze, die am Feldrand, an Wegen und Straßen zu sehen sind. Sie können Hausmarken, Wappen und Inschriften aufweisen, die sich auf ihre Vorfahren beziehen. Vor allem die z.T. ausführlichen Inschriften auf Gedenkkreuzen geben Hinweise auf Personen, Daten und Schicksale. Meist wurden sie für Personen errichtet, die den Tod an dieser Stelle gefunden haben, z.B. durch Blitzschlag, Unfall oder durch die Hand eines Mörders.

Gebäude und Gegenstände

An alten Häuser werden Sie immer wieder Inschriften, Hausmarken und Wappen entdecken, die über dem Eingang in Holzbalken geschnitten oder in Stein gehauen sind. Aus ihnen lassen sich häufig die Namen der Erbauer und das Alter der Gebäude ablesen.

Stoßen Sie dabei auf Hinweise, die für Sie von Interesse sein könnten, sollten Sie unbedingt versuchen, mit dem heutigen Eigentümer ins Gespräch zu kommen. Vielleicht kann er Ihnen mehr über die Geschichte des Hauses berichten und Ihnen sogar noch Gegenstände (z.B. alte Handwerksgeräte oder Möbel) zeigen, die durch entsprechende Kennzeichnung auf ihre ehemaligen Besitzer hinweisen.

II.7. Kompetente Hilfe:
Genealogisch-historische Vereine

Nicht nur Anfänger, sondern auch Fortgeschrittene, die dem schönen und spannenden Hobby der Ahnenforschung nachgehen, finden kompetente Hilfe bei genealogischen, heraldischen und historischen Vereinen. Die Anschriften der regionalen und überregionalen Vereine in allen Bundesländern und nähere Informationen über ihre Arbeit finden Sie in unserer Loseblattsammlung *Aktuelle Adressen und Informationen für Familienforscher*.

Mitglied zumindest in einem Verein zu werden, dessen Ziele sich mit den Ihren decken, lohnt sich auf jeden Fall. Denn bei geringem Jahresbeitrag werden Ihnen zahlreiche Vorteile geboten, die Sie bei Ihrer Arbeit meist erheblich weiterbringen.

Gedrucktes und Ungedrucktes

Alle genealogisch-historische Vereine besitzen mehr oder minder umfangreiche Spezialbibliotheken, die Sie als Mitglied kostenlos in Anspruch nehmen können. Darunter befinden sich häufig auch seltene Bücher, auf die Sie bei Ihrem Literaturstudium kaum stoßen werden - oder die nur mit erheblichen Umständen über den auswärtigen Leihverkehr von öffentlichen Bibliotheken besorgt werden müßten.

Periodisch herausgegebene Vereinsmitteilungen, die Sie als Mitglied kostenlos beziehen, informieren Sie nicht nur über das aktive Vereinsleben. Denn in den hier abgedruckten Beiträgen zu speziellen genealogischen, heraldischen und bevölkerungsspezifischen Themen sowie zur Regionalgeschichte finden Sie oft konkrete Hinweise auf Ihre eigene Forschungsarbeit.

Einige Vereine geben umfangreichere Untersuchungen (Quellenwerke, Orts- und Familienchroniken) in eigenen Publikationsreihen für ihre Mitglieder heraus. Auch hier werden Sie auf Themen und Namen stoßen, die Sie und Ihre Arbeit unmittelbar angehen und die für Sie von Nutzen sind.

Nicht zuletzt sind Ihnen auch Privatdrucke und unveröffentlichte Manuskripte von Forscherkollegen zugänglich, mit denen Sie dann engere Kontakte pflegen können.

Veranstaltungen

Auf den von den Vereinen veranstalteten Vortragsabenden erhalten Sie wertvolle Anregungen, viele nützliche Tips und praktische Anleitungen für Ihre Arbeit. Bei regelmäßigen Zusammenkünften können Sie nützliche Bekanntschaften machen und neue Freunde gewinnen, um mit diesen grundsätzliche und aktuelle Probleme zu diskutieren. Auf gemeinsamen Bildungsfahrten werden Sie schließlich unter sachkundiger Führung Ihre historischen Kenntnisse vertiefen.

Erfahrungen sammeln und vermitteln

Erfahrene Hobbyforscher und ausgebildete Historiker geben ihr Wissen und ihre Erfahrungen gern an ihre jüngeren Vereinsfreunde weiter. Genau das erwartet man allerdings eines Tages auch von Ihnen, wenn Sie sich zum Spezialisten herangebildet haben.

II.8. Viele Ahnen auf einen Streich: Ortssippen- und Familienbücher

Von 1937-1940 sind unter nationalsozialistischem Einfluß von geplanten 30.000 *Dorfsippenbüchern* nur 30 erschienen. Nach dem Krieg ist diese Arbeit mit der Veröffentlichung von rund 270 weiteren *Ortssippenbüchern* fortgesetzt worden (Titelliste dieser Bände bei Ribbe/Henning: *Taschenbuch für Familiengeschichtsforschung*, 1990, Seiten 231 ff.).

Daneben haben besonders in den letzten Jahrzehnten einige Familienforscher sich verdient gemacht, indem sie viele Kirchenbücher zu *Familienbüchern* verkartet haben. In diesen sind - wie in den Dorf- und Ortssippenbüchern - alle verzeichneten Personen mit ihren Daten alphabetisch nach Familiennamen geordnet, wobei jeweils auf die Eltern und die verheirateten Kinder hingewiesen wird.

Mit Hilfe dieser Dorf-, Ortssippen- und Familienbücher können Sie unmittelbar ganze Ahnenlisten erstellen, ohne die betreffenden Archive selbst besuchen zu müssen, um dort anhand der Originalkirchenbücher Ihre mühsame und langwierige Sucharbeit durchzuführen.

Im Gegensatz zu den Dorf- und Ortssippenbüchern sind die zahlreicheren Familienbücher meist nicht veröffentlicht. Sie existieren als Autoren-Manuskripte oder in nur wenigen Kopien, wobei eine in dem entsprechenden Kirchenbucharchiv, eine andere vielleicht bei dem regionalen Verein aufbewahrt wird, in dem der Autor Mitglied ist. Eine Gesamtliste dieser Arbeiten, die für Ahnenforscher von unschätzbarem Wert sind, existiert bisher nicht.

Vorbildlich ist die Familienbuchsammlung von rund 450 Orten des Mosel-Rhein-Nahe-Raums, die der gemeinnützige eingetragene Verein *Familienstiftung Pies-Archiv, Forschungszentrum Vorderhunsrück* in Dommershausen/Hunsrück aufbewahrt.

II.9. Literatur:
Ortschroniken, Periodika, Privatdrucke

Zahlreiche Gemeinden haben ihre (meist von Lehrern, Pfarrern oder anderen Hobby-Historikern erarbeiteten) *Orts-Chroniken* im Selbstverlag, Städte die in ihren Archiven aufbewahrten *Bürgerbücher* in historischen Jahrbüchern oder in eigenständigen Publikationen veröffentlicht. Daneben stehen dem Familienforscher vor allem *Urkunden- und Quellenwerke*, *Adreßbücher*, gedruckte *Universitäts- und Hochschulmatrikel*, Fachartikel in genealogischen und historischen *Zeitschriften*, *biographische Nachschlagewerke, Adelskalender, Geschlechterbücher* und *Stammtafelwerke* für seine Arbeit zur Verfügung.

Ungezählt sind die als *Privatdrucke* in kleinen Auflagen herausgegebenen, als *Unikate* existierenden oder als *Manuskript* vervielfältigten Familienchroniken, die in keiner Bibliographie zu finden sind. Diesen können Sie häufig nur mit systematischer Gründlichkeit, Hartnäckigkeit und Glück auf die Spur kommen. Der Rat erfahrener Archivare und Bibliothekare wird Ihnen dabei von Nutzen sein.

Es ist zwar mühsam, allen Hinweisen in der Literatur nachzugehen, doch lohnt sich dies in den meisten Fällen. Handbüchereien von Archiven und Vereinen, Bestände großer Bibliotheken und gedruckte Bibliographien bieten Ihnen eine Fülle von Material, aus denen Sie schöpfen können. Doch verlassen Sie sich nicht allein nur darauf, was in Büchern steht. Sind entsprechende Quellen angegeben, sollten Sie diese auch im Original einsehen, denn in Büchern stehen manche Fehler.

II.10. Geben und Nehmen:
Auskünfte von Forscherkollegen

Schreibt Sie ein Forscherkollege an, so sollten Sie ihm bereitwillig Auskunft erteilen. Umgekehrt hoffen Sie ja auch, Antwort zu erhalten. Dieses Geben und Nehmen ist ein ungeschriebenes Gesetz bei der internationalen Gilde der Ahnen- und Familienforscher. Dabei versteht es sich von selbst, daß Sie Ihren Anfragen immer einen adressierten und ausreichend frankierten Rückumschlag beilegen (Briefen ins Ausland fügen Sie entsprechend internationale Antwortscheine bei).

Namen und Adressen der Autoren, die ihre Artikel in Fachzeitschriften oder Jahrbüchern veröffentlicht haben, sind meist im Impressum dieser Veröffentlichungen angegeben. Anschriften von Buchautoren müssen Sie über den betreffenden Verlag erfragen.

Sind Sie an einem "toten Punkt" angelangt, kann Ihnen vor allem ein zweibändiges Werk weiterhelfen: *Glenzdorfs Internationales Genealogen-Lexikon - Biographisches Handbuch für Familienforscher und Heraldiker,* hrsg. von Johann Glenzdorf (1. Band 1977, 2. Band 1979). In diesem umfangreichen Nachschlagewerk finden Sie Namen und Anschriften von Hobby- und Berufsgenealogen mit ihren Forschungsschwerpunkten verzeichnet. Dabei erleichtert Ihnen ein ausführliches Namens- und Ortsregister die Suche.

Ein aktualisiertes, wenn auch nicht so ausführliches Verzeichnis bietet die 1993 von Franz Heinzmann herausgegebene Publikation *Anschriften der Familienforscher in Deutschland* (Franz Heinzmann Verlag, Postfach 30 04 28, Düsseldorf).

II.11. Aktuelles: Informationen von Verwandten

Bei Ihrer intensiven Beschäftigung mit der Vergangenheit dürfen Sie auf keinen Fall die Gegenwart vernachlässigen, denn auch das Heute ist morgen schon gestern. Deshalb halten Sie engen Kontakt mit Ihren Verwandten und bitten diese vorsorglich, Ihnen jede Veränderung (neue Adressen, Geburten, Heiraten, Todesfälle etc.) mitzuteilen.

Neben diesen Informationen sollten Sie versuchen, entsprechende Dokumente (Familienanzeigen und Urkunden) sowie aktuelle Fotografien zu bekommen. Mit diesen aktualisieren Sie laufend die Stammblätter Ihrer Familiengeschichte.

Ist ein Mitglied aus Ihrem nahen oder entfernten Familienkreis verstorben, so fragen Sie die Erben nach Dokumenten und Fotos aus dem Nachlaß. Sicher wird man Ihnen gestatten, Kopien zu ziehen oder Fotos zu refotografieren.

Am besten können Sie an aktuelles Informations- und Bildmaterial kommen, wenn Sie in Ihrem Familienblatt oder Ihrer Vereinszeitung eine ständige Rubrik mit aktuellen Personennachrichten veröffentlichen (siehe Kapitel I.23.) und dabei die Mitglieder immer wieder zur Mitarbeit auffordern.

II.12. Gemeinsam schneller zum Ziel: Arbeiten im Team

Im Laufe Ihrer Arbeit werden Sie meist automatisch auf Ahnenforscher treffen, deren Ziele sich mit den Ihren decken. Sie können diese auch über entsprechende Anzeigen suchen, z.B. über die Zeitschriften der genealogischen Regionalvereine oder in den *Familienkundlichen Nachrichten,* die alle zwei Monate in einer Auflage von 13.000 Exemplaren erscheinen und nahezu allen wichtigen deutschsprachigen genealogischen Zeitschriften beigelegt sind.

Hilfreich kann Ihnen auch die *Ahnenlisten-Kartei* sein, die von Hans Neßler, Rainer Bien und Rudolf Grobosch herausgegeben wird. Mit inzwischen über 50.000 Nachweisen liefert sie Hinweise auf Namen, Zeit, Landschaft und Ort der behandelten Familien und ermöglicht die Kontaktaufnahme mit dem Einsender der Ahnenliste, um so den Austausch von Quellen, Ergänzungen oder Berichtigungen herbeizuführen.

In den regionalen Vereinen finden Sie erfahrungsgemäß Gleichgesinnte, wobei ein Vergleich des gesammelten Materials nicht selten dieselben Ahnenspitzen aufweist. Schon deshalb bietet sich eine engere Zusammenarbeit an. Wenn Sie mit Ihren neuen Freunden das weitere gemeinsame Vorgehen, die Ziele, Arbeitsteilung und Systematik absprechen, profitieren alle davon. So vermeiden Sie unnötigen Zeitaufwand und gelangen schneller ans Ziel Ihrer Wünsche als im Alleingang.

III. Einfach nachschlagen

III.1. Kirchenlatein

In nachfolgendem "Lexikon" übersetzen wir die wichtigsten lateinischen Vokabeln, die dem Ahnen- und Familienforscher bei der Auswertung von Kirchenbüchern begegnen werden. In der Regel wird er mit diesen auskommen. Im übrigen empfehlen wir die Anschaffung eines Lexikons *Lateinisch-Deutsch* und verweisen auf folgende Spezialveröffentlichungen:

- Fritz Verdenhalven: *Familienkundliches Wörterbuch* (3. Aufl. 1993),
- E. Habel / F. Gröbel: *Mittellateinisches Glossar* (2. Aufl. 1989).

ab intestato = ohne Testament

abamita = Schwester des Urgroßvaters

abavunculus = Bruder der Urgroßmutter

abavus (-va) = Urgroßvater (-mutter)

abbas (abatissa) = Abt (Äbtissin)

abdicatio = Enterbung

abiectarius = Schreiner

abmatertera = Schwester der Urgroßmutter

abortivum (-va) = Frühgeburt

abortus (-ta) = Fehlgeburt, Totgeburt

ac quaestus conjugalis = gemeinsamer Erwerb der Eheleute

acatholicus (-ca) = nichtkatholisch

acicularius (acufex) = Nadler, Spener

accola = Beisaß, Hintersasse

actionarius = Krämer

actum = verhandelt

acuciator = Schleifer

acupictor = Seidensticker

ad acta = zu den Akten

adolescens = Jüngling, Junggeselle

adulter(a) = Ehebrecher(in)

adulterium = Ehebruch

advocatus = Verteidiger

aciscularius = Steinmetz

aedilis = Hauptmann, Vorsteher

aedituus = Küster

aegyptus = Zigeuner

aerarius = Kupferschmied, Rotgießer

aerarius praefectus = Steuereinnehmer, Rentmeister

aerarius veterementarius = Kesselflicker

aetatis = im Alter von

affinis = Schwager, Schwägerin

affinitas = Verwandtschaft durch Heirat

agaso = Stallknecht, Eselstreiber

agittarius = Bogen- (Armbrust-) macher

agnatus = Blutsverwandter im Mannesstamm

agnomen = Beiname

agricola = Ackerer, Bauer

alias = auch genannt

alumnus = Student, Zögling

altarista = Inhaber einer Altarpfründe

altera die = am anderen Tag

alumnus (-na) = Pflegesohn (-tochter)

alutarius cerdo = Weißgerber

altera die = am anderen Tag

amicus (amica) = Freund(in)

amita = Tante, Schwester des Vaters

amita magna = Schwester des Großvaters

amitini = Geschwisterkinder

ampularius = Flaschenmacher

anachoreta = Einsiedler

ancilla = Magd

annonarius = Kornhändler

anonymus (-ma) = männl. (weibl.) Totgeburt

anniversarius = Gedenktag

annularius = Panzermacher, Kettenschmied

anus = Ahne (anus paternus, Vorfahre väterlicherseits; anus maternus = Vorfahre mütterlicherseits)

apiarius = Imker

apothecarius = Apotheker

apparitor = Büttel, Aufseher

aquilex = Brunnenmeister

arator = Ackerer, Bauer

arboretum = Stammbaum

arcarius = Kastenmacher, Schreiner

archipreator = Oberschultheiß

archisatrapa = Oberamtmann

arcuarius = Bogen- (Armbrust-) macher

arcularius = Tischler, Schreiner

argentarius = Geldwechsler, Bankier

artifex calcarium = Sporenmacher

artifex loricarius = Riemenschneider

assator = Garkoch

aucellator = Falkner

auctor = Pächter

aurifaber = Gold- und Silberschmied

auriga = Fuhrmann

avia = Großmutter

avunculus = Oheim, Onkel, Bruder der Mutter

avunculus magnus = Großonkel

avus = Großvater

baptizatus (-ta) = getauft (männl., weibl.)

barbarius = Bader

barbitonsor = Wundarzt, Bader

b. m. (beatae memoriae) = seligen Angedenkens

bergarius = Schäfer

bombardarius = Büchsenschmied

bubulcus = Kuh-, Rinderhirt

bursarius = Beutelmacher

calcariator = Sporenmacher

calcarius = Schuster

califex = Kannengießer

calopedarius = Holzschuhmacher

calvarius = Nagelschmied

campanarius = Glöckner, Küster

candidarius = Bleicher
caniparius = Kellner
capellanus = Kaplan
capillamentarius = Perücken-
macher
capsarius = Schachtelmacher
carbonarius = Köhler
carnarius = Fleischer
carnifex = Scharfrichter, Henker
carpentarius = Zimmermann,
Wagner
carrucarius = Fuhrmann, Stellmacher
castellanus = Burgkastellan
castrensis = Burgmann
catopticus = Spiegelmacher
caupo = Gastwirt
cellarius = Kellermeister
cellerarius = Kell(n)er, Rentmeister
cementarius = Maurer
cerdo = Gerber
cereficiarius = Kerzenzieher
cerevisiarius = Bierbrauer
cervillarius = Helmschmied
chalcographus = Kupferstecher
chirothecarius = Handschuhmacher
chirurgus = Wundarzt
cingularius = Gürtelmacher
circiter = ungefähr
cistarius = Kistenmacher
civis = Bürger
claustrarius = Pförtner, Beschließer, Gefängniswärter
clibanarius = Ofengießer
clusor = Schmied
coctor = Bierbrauer
cocus = Koch

cognatus = Blutsverwandter aus
der weiblichen Linie
coelebs = unverheiratete Person
collateralis = Ehefrau
collector = Steuereinnehmer
colonus = Kleinbauer, Beständer
eines herrschaftlichen Gutes
colorator = Färber
commater = Patin, Gevatterin
commissarius = Beauftragter
commorans = wohnhaft
commutator = Geldwechsler
compater = Pate, Gevatter
condimentarius = Gewürzkrämer
confirmatus (-i) = Firmling(e)
conflator = Erzgießer
conjux (-juges) = Ehegatte(n)
conjugalis (-gatus) = ehelich
(verheiratet)
conjunctio (-tus) = Verwandtschaft (verheiratet)
conventus = Zusammenkunft,
z.B. Sitzung eines Gerichts
consanguineus (-guinitas) =
Blutsverwandter
(Blutsverwandtschaft)
consiliarius = Ratsherr, Bürgermeister
consobrinus = Geschwisterkind
aus der weiblichen Verwandtschaft
consocer(i) = Schwiegervater
(Schwiegereltern)
conthoralis = Ehefrau
conubium = Ehe
copulatio = Trauung
coqua (coquus) = Köchin (Koch)
corbo = Korbflechter
cordarius = Seiler
coriarius = Schuhmacher, Gerber

corrigiarius = Riemenschneider
cotiarius = Schleifer
cribarius = Siebmacher
crumenarius = Beutel-, Taschenmacher
crustularius, cupendinarius =
Kuchenbäcker
culcitarius = Mantelschneider
cuparius = Küfer
curator = Vormund, Verwalter
currarius = Stellmacher, Wagner

de dato = ausgefertigt am
decanus = Propst, Dekan
declaratio nullitatis matrimonii
= Nichtigkeitserklärung einer
Ehe
decumator = Steuerbeamter, der
den Zehnten einsammelt (Zehnter)
defunctus (-ta) = der (die) Ver-
storbene
denatus (-ta) = der (die) Verstor-
bene
denunciatio = Aufgebot
didymi = Zwillinge
dies = Tag
discipulus (-la) = Schüler(in),
auch Lehrling (Magd)
dispensator = Schaffner
doliarius = Böttcher, Küfer
dominus (-na) = Herr(in)
dos adventitia = das von der Frau
eingebrachte Ehegut
dos inter nuptias = Mitgift
dotatus = ausgesteuert
dulciarius = Zuckerbäcker

edentarius = Zahnarzt
ephipparius = Sattler

episcopus = Bischof
eques = Reiter, Ritter
equicida = Pferdemetzger
equicius = Pferdehändler
ergastualrius = Kerkermeister
ex = aus
exactor = Steuereintreiber
exclamator = Ausrufer
excoriator = Abdecker, Wasenmeister
exitus = Tod
expositus = Findlingskind

faber = Schmied
faber aratrorum = Pflugschmied
faber aurichalci = Messing-
schmied
faber cultrarius = Messerschmied
faber cupri = Kupferschmied
faber falcarius = Sensenschmied
faber ferramentarius = Huf-
schmied
faber ferrarius = Eisenschmied
faber gladiarius = Klingen-
schmied
faber grossarius = Grobschmied
faber laminarius = Blech-
schmied, Spengler
faber malleator = Hammer-
schmied
faber pastellarum = Pfannen-
schmied
faber serarius = Schlosser
famella = Magd
famulus (-la) = Lehrling, Gehilfe,
Knecht (Magd)
fartor = Wurstmacher
femina = verheiratete Frau
feniseca = Schnitter

fibulator = Klempner, Spengler
figulus = Kachelmacher, Töpfer
filicarius = Steinsetzer
filiolus (-la) = Söhnchen (Töchterchen)
filius (-lia) = Sohn (Tochter)
filius (-lia) naturalis = unehelicher Sohn (uneheliche Tochter)
finis = Ende
finitor = Steinsetzer, Feldgeschworener, der verlorengegangene Grenzsteine sucht und neue setzt
flator = Hüttenarbeiter
folio = Blatt
forestarius = Förster
fornacarius = Ofensetzer
fornicatio = Ehebruch
fossarius = (Toten-)gräber
frater = Bruder
frater consanguineus = Halbbruder
fratria = Schwägerin, Ehefrau des Bruders
frenarius = Riemenschneider
frumenatrius = Kornhändler
funarius = Seiler
funicularius = Gürtler
funifex = Seiler
furnarius = Ofensetzer

ganea = Dirne
garcifer = Koch
gemelli = Zwillinge
geminus (-mini) = Zwilling(e)
gemmarius = Juwelier
gener = Schwiegersohn
genetor (-trix) = Vater (Mutter)
genitus = gezeugt
gens = Geschlecht

gentiles = Verwandte
geraria = Kindermagd
germanus (-ma) = Bruder (Schwester)
gerulus = Bote
girator = Landstreicher
glutinator = Weißbinder
gradus = Verwandtschaftsgrad
granarius = Amtmann
gravida = Schwangere
guardianus = Aufseher, Wächter

herbarius = Kräuterkundiger
honestus (-ta) = ehrenwerter (ehrenwerte)
hortulanus = Gärtner
hospes = Gastwirt
hospitium = Herberge
humatio (-tus) = Begräbnis (begraben)

ibidem = daselbst
illegitimus (-ma) = unehelicher Sohn (uneheliche Tochter)
impressor = Drucker
impuditia = Unzucht
in absentia = in Abwesenheit
incestus = Inzest, Blutschande
incisor = Schneider
incola = Einwohner, in ländlichen Gemeinden gleichbedeutend mit Bauer
infans (infantes) = Kind(er)
infra = unterhalb
innuptus = ledig
institor = Krämer
instrumentum = Urkunde (instrumentum privata = Privaturkunde; instrumentum publica = öffentliche Urkunde)

Bürgerbuch = → Matrikel, in welche die Namen der vereidigten Bürgersöhne und der auswärtigen Personen eingetragen wurden, die als Neubürger aufgenommen wurden.

Büttel = Amts- oder Ratsdiener, der meist auch die Funktion einer Polizeiperson (Gefängniswärter) wahrnahm.

Bulle (die) = Bezeichnung für das → Siegel aus Metall (Blei, Kupfer, Silber, Gold) an meist kaiserlichen und päpstlichen → Urkunden, wobei diese selbst auch so bezeichnet werden.

Burgfrieden = schriftlich niedergelegte Rechtsgrundsätze [ähnlich dem → Weist(h)um] für das Zusammenleben von → Ganerben auf einer Burg.

Chronik = historischer Bericht, Geschichtswerk.

Chronologie = Zeitrechnungskunde.

contrasigillum = kleines Gegensiegel, das gelegentlich zum Schutz des → sigillum maius auf dessen Rückseite angebracht wurde.

Dengler = Sensenschmied.

Depositum = hinterlegter oder verwahrter Archivbestand.

Deszendenten = Nachfahren, Nachkommen.

Deszendenz = Nachfahrenschaft, ausgehend von einem Stammelternpaar in absteigender Linie.

Devise (die) = Wappenspruch, der als einprägsames Motto oder Sinnspruch Lebensauffassung, Geisteshaltung, Interessen oder Ideale des ursprünglichen Wappenträgers verdeutlichen soll und meist in einem Spruchband unter dem → Schild angebracht ist.

Dimission = Trauentlassung von Brautleuten in eine andere Pfarrei.

Diplomatik = Urkundenlehre.

Dispens = Heiratsgenehmigung bei Verwandtenehen mit Angabe des Verwandtschaftsgrads (z.B. 3. oder 4. Grades).

Dokument = schriftliches oder bildliches Zeugnis, um die Wahrheit zu bezeugen.

Dorfsippenbuch → Ortssippenbuch.

Dreyer = Drechsler.

Eidam = Schwiegersohn.

Epitaph = Grabschrift.

Etymologie = Lehre vom wahren Ursprung und der Bedeutung eines Wortes (z. B. eines Familiennamens).

Eul(n)er = Töpfer.

Exlibris = häufig mit Wappen versehene Eignerzettel, die auf die Innenseiten von Bucheinbänden geklebt sind.

Fäßler = Faßbinder, Böttcher.

Fahnenheraldik → Vexillologie.

Faksimile (das) = vollkommen ähnliche Nachbildung oder na-

intestatus = ohne Testament verstorben
inventus = Findlingskind
ioculator = Gaukler
iudex = Richter

juvenis = ledig

laborator = Arbeiter
lanifex = Tuchmacher
lanio = Metzger
lanitextor = Tuchmacher
lapicida = Steinmetz
lapidarius = Stein-, Schieferbrecher
laterator = Ziegelbrenner
lavandarius (-daria) = Wäscher(in)
levirus = Schwager, Bruder des Ehemanns
liber (-bera) = ledig, auch Buch (z.B. liber matrimonialis = Traubuch)
liberi = Kinder
librarius = Buchhändler
lictor = Büttel, Henkersknecht
ligator = Böttcher, Faßbinder
ligatus = Ehemann
lignarius = Zimmermann
ligularius = Nestler
limbolarius = Posamentierer
linarius = Flachshändler
linifex = Leinweber
loco sigilli (L.S.) = Stelle des Siegels
lodex = Mantelschneider
logographus = Gerichtsschreiber
lorarius = Riemenschneider
ludimagister = Lehrer
lutorissa = Wäscherin

lychnopoeus = Kerzenzieher

magister = Lehrer
magister civium = Bürgermeister
magus = Zauberer, Magier
majores = Vorfahren
mandrita = Hirte, Mönch
mansuarius = Kleinbauer
manu (mea) propria (m.p.) = mit eigener Hand
marcellarius = Fleischer
marinarius = Schiffer, Matrose
maritus (-ta) = Ehemann (Ehefrau)
marsuparius = Taschenmacher
massarius = Meier
mater = Mutter
materialista = Händler
materna = Patin
matertera = Tante, Schwester der Mutter
matiarius = Wurstmacher
matrimonialis (-monium) = ehelich (Eheschließung)
matrimus (-ma) = unmündiger Sohn (unmündige Tochter)
matrina = Patin
matrona = ehrbare Hausfrau, Ehefrau
matruelis = Vetter oder Cousine (Kind von der Schwester der Mutter)
medicus = Arzt
mellicida = Imker
membranarius = Pergamentmacher
mendicus (-ca) = Bettler(in)
mensator = Tischler
mensis (-sium) = Monat(e) alt
mercator = Kaufmann, Krämer

mercenarius = Tagelöhner

meretrix = Dirne

metator = Steinsetzer, Feldgeschworner, der verlorengegangene Feldsteine sucht und neue setzt

miles = Soldat, Ritter

minutor = Aderlasser, Bader

minimus (-ma) = der (die) Jüngste

mola, molendina = Mühle

molendarius, molitor = Müller

monitiones = Eheaufgebot

martualia = Beerdigungsgebühren

mortuus (-tua) = gestorben

munitis (-ta) sacramentis = versehen mit den Sterbesakramenten

murarius = Maurer

natalis = Geburtsort

natus (-ta) = geboren (männl., weibl.)

nauta = Schiffer

navector = Fährmann

necrologium = Totenbuch

nepos = Neffe, aber auch Enkel

neptis = Nichte, aber auch Enkelin

netor = Näher

netrix = Näherin

nomen = Name

nominatus = genannt

noster (-tra) = unser(e)

notarius = Notar

nothus = uneheliches Kind

novercus (-ca) = Stiefvater (Stiefmutter)

nummularius = Münzmeister, Münzscheider

nuntius = Bote

nuptiae = Hochzeit

nurus = Schwiegertochter

nutrix = Amme

obiit = er (sie, es) ist gestorben

obsequa = Magd

obstetrix (ab obsterice) = Hebamme (durch die Hebamme)

oeconoma = Haushälterin

oenopola = Weinschenk

olearius = Ölschläger, Ölmüller

olim = verstorben

operarius = Tagelöhner, Handlanger

opifex = Handwerker

opilio = Ziegenhirt

oriundus (-da) = abstammend, herkommend

orphanus = Waise

ostiarius = Torwächter, Beschließer

pagina = Seite

panifex = Bäcker

pannarius = Tüchermacher

pannicida = Gewandschneider

parentes = Eltern

parochia = Kirchspiel, Pfarrei

parochus = Pfarrer

pastor loci = hiesiger Pfarrer

pastor ovium = Schafhirt

pater(nitas) = Vater(schaft)

paternus = väterlicherseits

patrimus (-ma) = unmündiger Sohn (unmündige Tochter), deren Vater noch lebt

patrinus (-na) = Pate (Patin)

patruelis = Vetter, Neffe, oder Oheim

patruus = Onkel, Bruder des Vaters

pecuarius = Viehhirte

pellifex, pellificator = Kürschner

pelviarius, pelvifex = Kesselschmied

penesticus = Trödler

pharmacopola = Apotheker

phlebotomarius = Aderlasser, Bader

pictor = Maler

pilearius = Hutmacher

piscator = Fischer

pistor = Bäcker

piae memoriae (p.m.) = frommen Gedenkens, d.h. verstorben

pius (pia) = fromm (männl., weibl.)

plastes = Bildhauer

plebanus = Pleban, Geistlicher

plumbarius = Blei-, Zinngießer

poeta = Dichter

polentarius = Malzmüller

poligraphus = Stadtschreiber

polio = Plattner

pollinctor = Leichenbestatter

pomarius = Obsthändler

pontifex = Bischof

popinarius = Garkoch

portitor = Zöllner

posteri = Nachkommen

post(h)umus (-ma) = nach dem Tod des Vaters geborener Sohn (geborene Tochter)

porcarius = Schweinehirt

praeceptor = Lehrer, Schulmeister

praecox partus = Frühgeburt

praefectus = Vogt, Verwalter

praestes = Vorsteher

praetor = Bürgermeister, Vorsteher

praemunitus (-ta) = versorgt mit, z.B. den Sterbesakramenten (männl., weibl.)

praxator = Brauer

primissarius = Frühmesser, Kaplan

primogenitus (-ta) = Erstgeborener (Erstgeborene)

privignus (-na) = Stiefsohn (Stieftochter)

pro tempore = zur Zeit

proclamati = die Aufgebotenen

proclamatio = Aufgebot

proles = Nachkomme, Kind

promocundus = Kellermeister, Schaffner

promus = Küchenmeister

proreta = Kapitän

prope = nahe bei

propinquus = verwandt

provisus (-sa) = versehen mit... z.B. den Sterbesakramenten (männl., weibl.)

provisor puerporum = Vormund der Kinder

proximo die = am nächsten Tag

puella = Mädchen

puerpera (in puerperio) = Wöchnerin (im Wochenbett)

pupa (pupus) = kleines Mädchen (kleiner Junge)

pupillus (pupilla) = Waise

radix = Wurzel, Ursprung

reddituarius = Pächter

relictus (-ta) = hinterlassene(r)
Witwe(r), Sohn (Tochter)
renatus = getauft
repudium = Auflösung (eines
Verlöbnisses oder einer Ehe)
requies = Totenruhe
requiescat in pace (R.I.P.) = er
(sie, es) möge in Frieden ruhen
restiarius = Schiffstaumacher,
Seiler
rhedarius = Wagenbauer,
Wagner
ribaldus = Landstreicher
rotarius = Stellmacher, Wagner
rusticus = Bauer

saccelanus = Kaplan
saccellarius = Schatzmeister,
Kämmerer
sagittarius = Pfeil- und Bogen-
macher
salarius = Salzsieder
salifex, salinator = Salzhändler
sallarius = Salzsieder
sartor = Schneider
sator = Sämann, Bauer
satrapa = Amtskellner, der zugleich Träger der Rechtspflege
und Verwaltung ist, oft gleichbedeutend mit Amtmann
scabinus = Gerichtsschöffe, auch
Verwalter von geistlichen
Gütern
scandularius = Schindler,
Dachdecker
scoparius = Straßenfeger
scriba = Schreiber
scriniarius = Sargmacher, Schreiner, auch Geheimschreiber,
Archivar

scrutarius = Trödler
sculptor = Bildhauer
scultetus = Schultheiß
sellarius = Sattler
senator = Gerichtsmann, Beisitzer, auch Ratsherr
senex = Greis
sepulcrum = Grab
sepultus (-ta) = begraben
serator = Schlosser
serrarius = Sägenmacher
similarius = Weißbrotbäcker
socer = Schwiegervater
socrus = Schwiegermutter
sodalis (-lia) = Gefährte (Gefähr-
tin)
solemnitatio = Trauung
soror (germana) = Schwester
(Halbschwester)
sororius = Schwager
speciarius = Gewürzkrämer
speculator = Wächter
sponsalia = Mitgift
sponsus (-sa) = Verlobter
(Verlobte)
sportularius = Korbmacher
spurius (-ria) = unehelicher Sohn
(uneheliche Tochter)
stabularis = Stallknecht
stannarius = Kannen-, Zinngießer
staterarius = Wagenbauer, Stellmacher
stationarius = Krämer
stemma = Stammbaum, Ahnentafel
stipus = Bettler
stratarius = Sattler
subulcus = Schweinehirt
supplevit = er hat vertreten

supra = oberhalb
susceptor (susceptrix) = Pate, Patin
sutor = Schuster
synodalis = Sendschöffe

tabellarius = Bote
taberna = Wirtshaus, Schenke
talementarius = Bäcker
tector = Dachdecker
tegularius = Ziegler
telonarius = Zöllner
testes = Zeugen
testis = Zeugnis
textor = Weber
textor lintearius = Leinenweber
tignarius = Zimmermann
tinctor = Färber
tomeator, tomio = Drechsler
tonsor = Bruch- und Steinschneider, Chirurg
trigemini = Drillinge
tumulatus (-ta) = begraben
tunnarius = Küfer
tutor = Vormund

ultimus (-ma) familiae = der (die) Letzte einer Familie
uncinarius = Haken- oder Ösenmacher
unguentarius = Salben-, Parfümhersteller
usurarius = Zinswucherer
uterini = Halbgeschwister, welche dieselbe Mutter haben
uxor (gratuita) = Ehefrau (Konkubine)
uxoratus (-ta) = verheiratet

vadius = Bürge

vagabundus (-da) (-di) = Leute ohne festen Wohnsitz, dazu zählten auch die umherziehenden Handwerksburschen und Viehhirten
valvarius = Torwächter
vascicularius = Holzeimermacher
vectigalium administrator = Gefällsverweser, Beamter zur Erhebung von Steuern und sonstiger Gefälle
vectigalium coator = Obersteuereinnehmer
vector = Fuhrmann
venator = Jäger
venditor = Händler, Verkäufer
vespillo = Totengräber
vestiarius = Kleiderschneider
veterementarius = Trödler
vicarius = Vikar
viduus (-dua) = Witwer (Witwe)
viego, vietor = Böttcher, Küfer
vigilarius = Wächter
villicus = Hofmann, Verwalter
vinctor = Faßbinder
violatio = Entehrung
virgulator = Besenbinder
vitor = Korbflechter
vitriarius = Glaser
virgo = unverheiratetes Mädchen, Jungfrau
vitricus = Stiefvater
vogtetus = Vogt
vopiscus (-ca) = überlebender Zwilling
vulgo = genannt

xylocopus = Zimmermann

zonarius = Gürtler

II.2. Genealogisch-heraldische Fachsprache

Abenteurer = Hausierer, auch Spielmann

Abbreviation = Bezeichnung für die Verkürzung eines Wortes auf einen oder wenige Buchstaben in der → Paläographie.

Administrator = Verwaltungsbeamter, Amtsverweser.

Adoption = Annahme an Kindes statt.

Agnaten = Blutsverwandte im Mannesstamm.

A(r)miger = Bewaffneter, Edelknecht, Knappe.

Amtskell(n)er → Kell(n)er.

Amtsknecht → Büttel.

Ahnen = Vorfahren → Aszendenten.

Ahnengleichheit → Implex.

Ahnenliste = Übersicht aller Vorfahren eines → Probanden in Listenform nach dem Prinzip der → Aszendenz, wobei jede Person nach einer Zahlensystematik durch eine → Personennummer gekennzeichnet wird.

Ahnenpaß = amtlich beglaubigter Ahnen- und Abstammungsnachweis, der in nationalsozialistischer Zeit gefordert wurde.

Ahnenprobe = frühere Praxis von Geistlichen, in dem sie Stammtafeln von Ehewilligen aufstellten, um eventuelle verbotene enge verwandtschaftliche Bindungen der Ehewilligen aufzuspüren.

Ahnenreihe = umfaßt alle Personen innerhalb einer → Generation eines → Probanden.

Ahnenschwund → Implex.

Ahnentafel = Übersichtliche Darstellungsform der → Aszendenz von allen leiblichen Vorfahren (väterlicher- und mütterlicherseits) eines → Probanden, wobei sich theoretisch in jeder → Generation die Ahnenzahl verdoppelt (→ Implex).

Akten = Sammlungen von Schriftstücken, die sich auf eine bestimmte Angelegenheit beziehen.

Allianzwappen = Ehewappen, wobei das Wappen des Ehemannes spiegelverkehrt auf der heraldisch rechten (vom Betrachter aus linken) → Schwertseite, das Wappen der Ehefrau seitenrichtig auf der heraldisch linken (vom Betrachter aus rechten) → Spindelseite steht.

Amtmann = vom Landesherrn eingesetzter Beamter, der die Oberaufsicht und Exekutive bei Gericht und beim Steuerverzug, die Aufsicht über die politische Gemeinde, über die Bewirtschaftung der Fronhöfe, über die Grenzen, über Wald, Jagd, Fischerei, Zölle und Kirche hatte und über den → Burgfrieden wachte.

Archiv = Einrichtung zur systematischen Erfassung, Ordnung, Verwahrung, Verwaltung und Verwertung von Schrift-, Bild- und Tongut sowie anderen Sammlungsgegenständen.

Aufschwörung = Nachweis der ritterbürtigen Abstammung eines → Probanden durch Vorlage seiner → Ahnentafel bis zu vier oder acht Quartieren (Proband, Eltern, Groß- und Urgroßeltern) mit den entsprechenden Familienwappen.

Aufsitzer → Beständer

Aszendenten = Ahnen, Vorfahren.

Aszendenz = Vorfahren eines → Probanden in aufsteigender Linie.

Bannmühle = herrschaftliche Mühle, in der die Untertanen einer Herrschaft mahlen lassen mußten.

Barte = Hellebarde.

Base = Cousine (Bruder- oder Schwesterkind des Vaters oder der Mutter).

Bastard = uneheliches Kind.

Bede = Abgabe (besonders zur Landesverteidigung), die nach der Größe des Besitzes festgesetzt wurde und in Geld entrichtet werden mußte.

Beisasse = Nichtbürger, der in einer Stadt wohnt.

Beizeichen → Brisur.

Beständer = Pächter und Verwalter eines herrschaftlichen Gutes (an dem auch mehrere Beständer beteiligt sein konnten).

Besthaupt = Erbschaftssteuer, wobei im Erbfall das beste Haupt des Viehbestands und die nach der Hühnerzahl im → Weistum vorgeschriebenen Gelder an den Landesherrn entrichtet werden mußten.

Bibliographie = Literatur- oder Bücherverzeichnis, allgemein auch Bücherkunde.

Blasonierung = Beschreibung eines → Wappens, die immer vom Schildhalter aus erfolgt, wobei *heraldisch rechts* vom Betrachter aus *links* und *heraldisch links* vom Betrachter aus *rechts* bedeutet.

Blutsverwandtschaft = Gemeinschaft einzelner Personen, die voneinander oder gemeinsam von demselben Ahnherrn abstammen → Konsanguinität.

Brisur = Brechung durch Beizeichen *(Wappenminderung)* im → Schildbild eines → Wappens (z.B. durch einen → Turnierkragen oder durch eine bzw. mehrere heraldische Rosen). Während das gleiche Wappenbild *(die Wappengemeinschaft)* den genealogischen Zusammenhang gleichnamiger Geschlechter bewußt betont, lassen sich bei weitverzweigten Familien die einzelnen Äste und Zweige durch die Brisuren im Schildbild unterscheiden.

turgetreue Wiedergabe einer Originalvorgabe.

Familie = Hausgenossenschaft, Lebensgemeinschaft, eine durch Abstammung in näherer oder entfernterer Verbindung stehende Gruppe von Menschen, die sich auf einen namentlichen Ahnherrn zurückführen lassen.

Familienbuch = verkartetes Kirchenbuch einer Gemeinde, wobei die chronologisch geführten Tauf-, Heirats- und Sterberegister ausgewertet, die darin enthaltenen Personen nach ihren Namen alphabetisch geordnet und nach Familien zusammengestellt sind.

Familienstammbuch = vom Standesbeamten geführtes Personenstandsbuch, aus dem der jeweilige Personenstand der Familienangehörigen hervorgeht; es wird bei der Eheschließung angelegt und ständig fortgeführt → Stammbuch.

Faszikel = zusammengeheftetes Bündel.

Faut = Beamter für die Erhebung besonderer Abgaben.

Fechner = Pelzhändler.

Feldhüter → Schütz.

Fideikommiß = nach römischem Recht jede formlose letztwillige Verfügung, deren Erfüllung bloß dem Gewissen (fidei) der Erben überlassen und deren Vollzug nicht erzwinglich war. Familienfideikommiß ist ein Vermögensinbegriff, welcher kraft ausdrücklicher Verfügung des Stifters unveräußerlich auf die Geschlechtsnachfolger des Stifters oder eines Dritten zur Erhaltung des Familiengutes übergehen soll.

Filiation = blutsmäßige Abstammung.

Filiationsalter = angenommenes Durchschnittsalter (25-35 Jahre) von Personen innerhalb einer → Generation bei ihrer Fortpflanzung.

Findbuch → Repertorium.

Fiocchi = symmetrisch geordnete Quasten, die beidseitig den → Schild eines Priesterwappens umrahmen und an geknoteten Schnüren hängen, welche die → Geistlichen Hüte durchziehen.

Folio = Blatt.

Fragner = Krämer.

Frumwerker = Tagelöhner.

Fuderer = Futterhändler.

Gängler = Hausierer.

Ganerben = Erbbeteiligte, Gemeinschaft der an einem Gut (z.B. an einer Burg → Burgfrieden) beteiligten Familienangehörigen, die in ungeteiltem Gut und Haushalt zusammenleben.

Gantier = Handschuhmacher.

Geburtsbrief = Urkunde, die beim Wegzug eines Bürgers oder bei Verheiratung in die Fremde angefordert und vom Pfarrer, den Schöffen oder vom Stadtrat ausgehändigt wurde.

Geding = Sitzung der Dorfgerichte, bei denen geringe Strafsachen und bürgerliche Rechtsstreitigkeiten an einem dafür bestimmten Tag im Jahr (ungebotener Dingtag) abgehandelt wurden. Auch konnte zu außergewöhnlicher Zeit ein "gebotenes Geding" einberufen werden. Den Vorsitz führte der → Schultheiß.

Geistlicher Hut = Ersatz des → Helms bei Darstellungen von → Wappen Geistlicher. Der Hut mit flachem Kopf und breiter Krempe schwebt über dem → Schild und ist beidseitig mit geknoteten Schnüren durchzogen, die in symmetrisch geordneten Quasten → Fiocchi enden, deren Anzahl und Farbe seit 1833 einheitlich den Rang der Würdenträger in der kirchlichen Hierarchie kennzeichnet. Der schwarze Hut ist z.B. bei Pfarrerwappen mit je einer schwarzen Quaste, bei einem Dekan oder Rektor mit je zwei schwarzen Quasten, bei einem Kanoniker mit je drei schwarzen Quasten versehen. Bei Päpstlichen Geheimkämmerern ist der violette Hut mit je sechs violetten Quasten, bei Erzbischöfen der grüne Hut mit je zehn grünen Quasten und bei Kardinälen der rote Hut mit je 15 Quasten versehen. Geistliche Hüte sind in der → Heraldik seit dem 14. Jahrhundert nachweis-

bar. Bei Äbten, Bischöfen und Kardinälen kann der geistliche Hut auch durch eine Mitra (mit gekreuztem Pedum u. Schwert, wenn diese auch die weltliche Macht ausübten) ersetzt sein.

Gelzer = Kastrator.

Gemeindsmann = in ländlichen Gegenden gleichbedeutend mit Bauer (Handwerker führten die Bezeichnung "Meister").

Genealoge = → Historiker, der Familienforschung nach wissenschaftlichen Prinzipien ausübt.

Genealogie = Hilfswissenschaft der Geschichte, die sich mit der Erforschung von den Abstammungsverhältnissen der → Geschlechter bzw. → Familien beschäftigt.

Generation = Geschlechterreihe zeitlich nebeneinanderstehender Verwandter, gewöhnlich ein Zeitraum von 25-35 Jahren → Filiationsalter.

Gerichtsmann = Beisitzer eines Dorfgerichts, gleichbedeutend mit → Schöffe.

Geschlecht = Gesamtheit einer Familie desselben gleichbenannten Stammes.

Gevatter(in) = Pate (Patin).

God = Patin.

Gremb = Trödler.

Grobbinder = Faßbinder.

Gufener = Nadler.

Gulichter = Lichtzieher.

Gyseler = Viehhändler.

Halskleinod → Schaustück.

Handwerkerzeichen = Handwerker (vor allem Steinmetze) und Kaufleute in Städten übernahmen im Spätmittelalter die bäuerliche Sitte, → Haus- und Hofmarken als Eigentums-, Urheber- und Gütezeichen zu führen.

Hauptmann = Pächter eines an verschiedene Teilhaber "verschlitzten" Gutes, welcher dem Grundherrn gegenüber die Gesamtheit vertrat und die Verantwortung für die Leistungen übernehmen mußte; auch Rang eines Soldaten.

Haus- (Hof-) marken = wie die → Handwerkerzeichen altüberlieferte runenartige Persönlichkeitszeichen, die mit Häusern oder Höfen verbunden und vererbbar waren, Personen und Namen ersetzten, neben oder anstatt der Unterschrift Rechtsgültigkeit besaßen und Besitz kennzeichneten.

Heimbürge = Leichenbestatter.

Helm = ritterlicher Kopfschutz aus Eisen, der auch wesentlicher Bestandteil eines → Wappens ist. In der → Heraldik wird der meist rot ausgeschlagene Helm in blauer Eisenfarbe dargestellt. Man unterscheidet die frühen Topf- und Kübelhelmformen, den (meist in Verbindung mit dem → Tartschenschild verwendeten) Stechhelm und den Visierhelm sowie den (später nur dem Adel vorbehaltenen)

Bügel- oder Spangenhelm. Den Helm kann - je nach Stellung des Wappeninhabers - ein Helmwulst, ein Turnierhut, eine Rang- oder Adelskrone, ein Kurfürsten- oder Herzoghut zieren. Bei Geistlichen ist der Helm durch einen flachen → Geistlichen Hut ersetzt.

Helmdecke = Tuch, die den → Helm vor Sonneneinstrahlung und allzu starker Erwärmung bewahren sollte und gleichzeitig auch als Nackenschutz diente. Bei frühen Darstellungen von Wappen erscheint die Helmdecke meist in geschlossener, mantelartiger Form, später als ornamental verspieltes Rankenwerk, das von dem → Helm herabhängt und den → Schild umrahmt.

Helmkleinod → Helmzier.

Helmschau = vor Turnieren durch den → Herold veranstaltete Prüfung des Ritters auf seine Turnierfähigkeit, wobei die mit der → Helmzier versehenen → Helme einzeln vorgewiesen werden mußten.

Helmzier = Helmschmuck (wobei in der Regel das gesamte Schildbild oder ein Teil desselben mit seinen dort angegebenen Farben erscheint), der aus Leinwand, Tuch, Pappe oder Leder hergestellt wurde und bei den seit dem 15. Jahrhundert üblichen unblutigen Kolbenturnieren vom Gegner abgestochen werden mußte. Die Helmzier, auch *Helmkleinod* genannt, ist Bestandteil eines → Wappens.

Heraldik = Wappenkunde, Wappenkunst und → Wappenrecht, benannt nach dem → Herold.

Herold = vom Fürsten ernannter Zeremonienmeister, der sich durch Kenntnis von Personen und → Wappen auszeichnete, über die Annahme und Führung von Wappen wachte, die → Wappenrolle führte und bei Turnieren die Funktion eines Schiedsrichters ausübte.

Hintersasse = Untertan eines auswärts gesessenen, aber an dem Ort, wo der Hintersasse wohnt, begüterten Herrn. Der Hintersasse unterstand nicht der Gerichtsbarkeit des örtlichen landesherrlichen → Schultheißen.

Historiker = Geschichtsforscher mit wissenschaftlicher Grundausbildung.

illegitim = unehelich.

Implex = Ahnengleichheit, die früher oder später durch Ehen von mehr oder minder nahen Verwandten eintritt.

Index = alphabetischer Namen- und Sachweiser.

Instrument = alte Bezeichnung für → Urkunde.

Ircher = Weißgerber.

Kaltschmied = Sensenschmied.

Kandler = Kannengießer.

Kannenbäcker = Töpfer.

Kartusche = rundes oder ovales medaillenförmiges Ornamentmotiv mit Volutenrahmung, das bei Wappen, Inschriften oder als reine Zierform in der Architektur und Graphik verwendet wurde.

Kastellan = Burgverwalter, Burgvogt.

Kegel = uneheliches Kind.

Kell(n)er = Amtmann (Amtskellner), Steuereinnehmer, der seine Tätigkeit neben dem → Amtmann ausübte.

Der Kell(n)er war Verwalter der im Lande zerstreuten Güter eines Grundherren. Ihm oblag das gesamte Rechnungswesen. Er führte die Oberaufsicht über die landwirtschaftlichen Betriebe, Verpachtung der Ländereien und war für die Einziehung von Zinsen und Steuern verantwortlich. Kellereien hatten in den einzelnen Orten große Scheunen (Zehntscheunen) zur Lagerung des → Zehnten und von Wein.

Kellermeister = Aufseher eines herrschaftlichen oder klösterlichen Weinkellers.

Kernfamilie = Lebensgemeinschaft der Eltern und ihrer unselbständigen Kinder (auch als *Kleinfamilie* bezeichnet).

Kirchenbuch = eine vom Pfarrer nach Tauf-, Heirats- und Sterberegister geführte → Matrikel über den Personenstand der Gemeindemitglieder.

Kirchenfabrik = handschriftliche Aufzeichnungen, welche die Geldgeschäfte der Kirchen und Gemeinden dokumentierten.

Kleinod → Helmzier und → Schaustück.

Kölmer = nach culmischem Recht ein Gutsbesitzer, der über 600 Morgen unter dem Pflug hatte. Wie die adeligen Rittergutsbesitzer waren auch die Kölmer in Ostpreußen am Landtag stimmberechtigt.

Kognaten = Blutsverwandte aus der weiblichen Linie.

Konsanguinität → Blutsverwandtschaft.

Kontraktionen = Bezeichnung für die Zusammenziehung von Wortanfängen und Wortenden in der → Paläographie, wobei der mittlere Wortteil weggelassen ist.

Konventionen = Bezeichnung in der → Paläographie für graphische Zeichen, die häufig vorkommende Worte ersetzen.

Kopiar = Geschäftsbuch, in das die wichtigsten (urkundlichen) Eingänge im Wortlaut oder dem Inhalt nach (→ Regest) eingetragen wurden.

Kopulation = Trauung.

Kümmer = Küfer.

Kürbenzeiner = Korbflechter.

Lägelner = Böttcher.

Landschreiber = herrschaftlicher Beamter im Rang eines Oberamtmanns.

Lapper = Flickschuster.

Leibbede = Kopfsteuer, die von allen erwachsenen Einwohnern einer Herrschaft erhoben wurde.

Leichenbitter = Leichenlader, der zum Begräbnis einläd.

Leitgeb = Schankwirt.

Ligaturen = Bezeichnung für die Zusammenziehung oder Verschmelzung von zwei Buchstaben in der Schriftkunde → Paläographie.

Löscher = Weißgerber.

Lösungsrecht = alter Brauch, wonach Grundstücke, die ein Besitzer an Fremde verkauft hatte, von nahen Blutsverwandten des Vorbesitzers "binnen Jahr und Tag" gegen Erstattung des Kaufpreises wieder an sich ziehen konnten.

Losbäcker = Weißbrotbäcker.

Luchtenmacher = Laternenmacher.

Mannschaft = gleichbedeutend mit → Familie, wobei der Haushaltsvorstand u.a. zur → Schatzung herangezogen wurde.

Manumission = Entlassung aus der Leibeigenschaft, wobei dem Landesherrn ein Manumissionsgeld (Loskauf) gezahlt werden mußte.

Matrikel (die) = amtliches Verzeichnis über Personen (z.B. Universitätsmatrikel, Kirchenbuchmatrikel), Wappen (→ Wappenrolle) oder Einkünfte.

Meister = übliche Bezeichnung für einen Handwerker.

Melber = Mehlhändler.

Merzler = Krämer.

Metrologie = Lehre von den Maßen und Gewichten.

Metronymicon (-ca) = Muttername(n).

Mietling = Tagelöhner.

Mitter = Eichmeister, Aufseher über die öffentliche Waage, über Maße und Gewichte.

Moldenhauer = Holztrogmacher.

Muhme = Tante, Cousine, Verwandte.

Naber = Bohrerschmied.

Nachfahren → Deszendenten.

Nadler = Nadelhersteller.

Nahrungszettel = persönliche Steuererklärung der Bürger.

Negotiant = Kaufmann.

Nigromant = Schwarzkünstler, Zauberer.

Nonnenmacher = Kastrator.

Numismatik = Münzkunde.

Oberamtmann = oberster Beamter eines Oberamts, Chef der Verwaltung und oberster Richter.

Ortssippenbuch = Buch mit einem alphabetisch nach Familien geordneten Verzeichnis aller Einwohner einer Gemeinde mit den Lebensdaten der aufgeführten Personen und Hinweisen auf Eltern, Ehegatten und Kinder (→ Familienbuch).

Paginierung = Seitennumerierung.

Paläographie = Schriftkunde, Hilfswissenschaft der Geschichte, die sich mit der Entwicklung der Schrift, den einzelnen Typen und Buchstaben beschäftigt.

Panier = Banner, eine rechteckige Fahne, die im Mittelalter dem Wappen des Bannerherrn entsprach.

Patronymicon (ca) = Vatername(n).

Pelzer = Kürschner.

Petschaft = Negativstempel, mit dessen Hilfe → Siegel abgedrückt werden.

Personennummer (-zahl) = mit dieser wird in einer → Ahnentafel oder → Ahnenliste nach entsprechender Systematik jede Person gekennzeichnet.

Pfettenhauer = Hauszimmermann.

Pfister = Bäcker.

Prachtstücke = Bezeichnung für die figürlichen oder tierischen Schildhalter in der → Heraldik, die dem Adel vorbehalten sind.

Primogenitur = Erstgeburt.

Proband = Ahnenträger, Prüfling.

Regest = kurze Inhaltsangabe einer → Urkunde.

Reider = Schwertfeger, der die Degengriffe anbringt.

Reiser = Pilger.

Renovator (Renovation) = Beauftragter eines Grundherrn, der den

Güterstand eines Herrenhofes oder für den Streubesitz einer Herrschaft anfallende Zinsen unter Hinzuziehung eines Dorfgerichts ermittelt und neu aufschreibt. Diese *Renovationen* wurden in regelmäßigen Abständen und zwischenzeitlich bei Übergang an einen anderen Besitzer oder Pächter vorgenommen.

Repertorium = in Buch- oder Karteiform hand- oder maschinenschriftlich angelegtes Bestandsverzeichnis von Archivgut.

Riemer = Sattler.

Ritterbürtigkeit = der Nachweis erfolgte durch die → Aufschwörung der Ahnen (Ahnenprobe) eines Ritters.

Rockener = Schwarzbrotbäcker.

Roscher = Wollweber.

Sasse = Grundbesitzer, insbesondere in Zusammensetzungen wie Freisasse, Landsasse und Hintersasse (Bauer).

Schacherer = Hausierer.

Schaffner = Verwalter geistlicher Güter, besonders bestehender und aufgehobener Klöster und Stifte, der die gleichen Aufgaben wie der → Kell(n)er hatte.

Scharrmacher = Wagner, Stellmacher.

Schatzung = wichtigste direkte Steuer, dessen Register der → Kell(n)er führte. Der Name rührt von der regelmäßig vorgenommenen "Schätzung" der Vermögensverhältnisse der → Zensiten her. Steuerobjekt war das gesamte Vermögen.

Schaustück = oder *Halskleinod,* Bezeichnung in der → Heraldik für eine goldene Schaumünze, die an einer goldenen Kette um den → Wappenhelm liegt.

Scheibler = Salzhändler.

Scheidler = Messerschmied.

Schild (der) = Verteidigungswaffe eines Ritters, das gewöhnlich sein persönliches Bildsymbol (→ Wappen) zeigt. Die Form der zeitgemäßen Verteidigungsschilde entspricht den unterschiedlichen Wappenschildformen (z.B. gotischer Dreieckschild, Rundschild oder → Tartschenschild). Der persönliche Wappenschild wurde meist auch in das → Siegel übernommen.

Schildbild = Bildsymbol, das im Schild eines → Wappens zu sehen ist.

Schildhalter → Prachtstücke.

Schirmvogt = Landesherr oder Ritter, der in weltlichen Angelegenheiten einer benachbarten geistlichen Herrschaft seine Hilfe leiht.

Schirrmacher = Wagner, Stellmacher.

Schnittker = Tischler.

Schöffe = Beisitzer eines weltlichen Gerichts.

Schröter = Tuchschneider, auch städtische Aufsichtsperson über den Weinhandel.

Schütz = öffentliches Amt des Feldhüters, das jeder Neubürger auf eine gewisse Zeit zu übernehmen verpflichtet war. Die Grundbesitzer hatten den Schützen eine Abgabe zu liefern.

Schultheiß = Vorsitzender eines Dorfgerichts und örtlicher Vertreter der Grundherrschaft. Er wohnte gewöhnlich auf einem Herrenhof, hatte die Abgaben für die Herrschaft einzuziehen und abzuliefern.

Schwertdegen = junger Ritter.

Schwertseite = die heraldisch rechte (vom Betrachter aus linke) männliche Seite z.B. bei → Allianzwappen oder einer → Aufschwörung.

Semmler = Weißbrotbäcker.

Sendschöffe = Beisitzer eines kirchlichen Gerichts, das über die Moral der Gemeindemitglieder wachte und richtete.

Siegel = amtliche oder persönliche Bildzeichen (meist → Wappen), die mittels eines → Typars oder einer → Petschaft als Verschluß einer Sache oder zur Beglaubigung von Urkunden aufgedrückt wird.

sigillum citationis = Übersendung des losen → Siegelabdruck eines Richters, der damit die Parteien zum nächsten Gerichtstag vorlud.

sigillum maius = Bezeichnung für das große → Siegel einer Institution (Behörde).

Signet = besonders kleines → Siegel.

Sigrist = Meßner.

Sippe = Gesamtverwandtschaft eines einzelnen Menschen sowohl väterlicher- als auch mütterlicherseits.

Sphragistik = Siegelkunde.

Spindelseite = die heraldisch linke (vom Betrachter aus rechte) weibliche Seite z.B. bei → Allianzwappen oder einer → Aufschwörung.

Stammbaum = Darstellung der → Deszendenz in grafischer Form eines Baumes von Nachkommen namentlicher → Stammeltern, wobei diese an der Wurzel stehen und sich ihre Nachkommen in unterschiedliche Äste und Zweige verbreitern.

Stammblatt = Hilfsmittel des Ahnen- und Familienforschers, wobei jedes Ehepaar seiner direkten → Ahnen mit ihren zugeordneten → Personennummern, Lebensdaten und sonstigen Informationen unter Hinweis auf Eltern und Kinder auf ein speziell vorbereitetes Blatt eingetragen wird.

Stammbuch = ursprünglich Verzeichnis von Familienangehörigen; seit der 2. Hälfte des 16. Jahrhunderts Erinnerungsbuch, in das Freunde des Besitzers

ihre Namen, Wappen, Wahl-
sprüche oder Widmungen ein-
trugen (→ Familienstammbuch).

Stammeltern = namentliches, urkundlich belegtes Ehepaar, auf
das sich ein → Proband oder
eine Großfamilie zurückführen
läßt.

Stammlinie (-reihe) = Liste oder
Tafel aller Vorfahren eines Na-
mens im Mannesstamm (väter-
liche Vorfahren), beginnend mit
einem → Probanden nach dem
Prinzip der → Aszendenz, wobei nur die Männer mit einer
entsprechenden → Personennummer gekennzeichnet werden.

Stammliste = von → Historikern
und → Genealogen bevorzugte
Art, eine → Familie in wissenschaftlicher Form nach dem
Prinzip der → Deszendenz darzustellen, beginnend mit den →
Stammeltern, die mit der römischen Generationszahl I gekennzeichnet werden unter Angabe
der mit arabischen Zahlen fort-
laufend numerierten Kinder.
Pflanzen sich diese fort, so
werden sie unter der nächsten
Generationszahl II a etc. aufgeführt.

Stammtafel = übersichtliche Darstellungsform aller Nachfahren
bestimmter → Stammeltern, ge-
gliedert in Stämme, Äste und
Zweige nach dem Prinzip der →
Deszendenz.

Standesregister = Führung von
Heirats-, Geburts- und Sterbe-
registern, die den Personenstand
und seine Veränderung beurkunden und dadurch das fami-
lienrechtliche, auf Abstammung
oder Rechtsakt beruhende Verhältnis zweier Personen zuein-
ander dokumentiert.

Steinsetzer = Feldgeschworener,
der verlorengegangene Grenzsteine sucht, neue setzt und Ver-
änderungen feststellt.

Stellmacher = Wagner, Wagenbauer.

Suspension = Bezeichnung für
Wortverkürzungen durch Weg-
lassen einer Wortendung in
der → Paläographic.

Tallierer = Hausierer.

Tandler = Trödler.

Tartschenschild = konkav gebo-
gener → Schild, der seit dem
14. Jahrhundert gebräuchlich
war und später auch ein rechts
ausgespartes Loch zum Einlegen
der Lanze ausweist.

Tingierung (Tinktur) = Kolorierung eines → Wappens, wobei die Farben (Tinkturen) bei
der Beschreibung → Blasonierung eines Wappens genau angegeben werden. Die → Heraldik kennt nur die Farben Blau,
Rot (in Sonderfällen auch Purpur und Violett), Grün und
Schwarz unter Verwendung der
Metalle Gold und Silber, wobei
der heraldische Grundatz gilt,

daß Farben auf Metallen und Metalle auf Farben zu stehen haben. In der Fahnenheraldik → Vexillologie und in der Glasmalerei werden die Metalle Gold und Silber durch die Farben Gelb und Weiß ersetzt.

Transskription = Übertragung eines alten handschriftlichen Originaltextes in eine heute lesbare Schriftart (z.B. mit der Schreibmaschine).

Turmrater = Eisenmeister.

Turnierkragen = mehrlatziger Balken, der in der → Heraldik meist als Beizeichen → Brisur im → Schildbild eines → Wappens zur Unterscheidung der Äste und Zweige innerhalb der Wappengemeinschaft eines blutsverwandten Geschlechts dient.

Typar = Negativstempel, mit dessen Hilfe → Siegel abgedrückt werden.

Ulner = Töpfer.

Urbar = Verzeichnis von Gütern und/oder Einkünften.

Urkunde = ein durch Unterschrift und → Siegel beglaubigtes Schriftstück (Urkunde → Diplomatik). Man unterscheidet die öffentliche (instrumentum publica) von der privaten (instrumentum privata) Urkunde.

Vexillologie = Fahnenheraldik, wobei auf dem Tuch die Metalle durch Farben ersetzt werden: Gold durch gelb, Silber durch weiß.

Vogt = Vertreter des obersten Gerichtsherrn, besonders in geistlichen Territorien, in manchen Herrschaften so viel wie → Amtmann.

Wappen = ursprünglich die Abwehrwaffen (wâpen) eines Ritters, bestehend aus → Schild mit Schildbild, → Helm, → Helmdecke und → Helmzier. Wappen sind in Verbindung mit dem Familiennamen erblich und als individuelle Persönlichkeitszeichen gesetzlich geschützt → Wappenrecht.

Wappenbesserung = Änderung eines ursprünglichen, bereits vorhandenen Wappens durch Zusätze oder Beizeichen (z.B. bei Standeserhöhungen).

Wappenbrief = ausgestellte Urkunde über die Verleihung eines → Wappens, wobei dieses farblich dargestellt und ausführlich beschrieben (→ Blasonierung) wird.

Wappendecke → Helmdecke.

Wappenhalter → Prunkstück.

Wappenhelm → Helm.

Wappenmantel = ein hinter einem fürstlichen oder monarchischen Staatswappen ausgebreiteter, meist aus einer Rangkrone herabfallender Mantel.

Wappenminderung → Brisur.

Wappenrecht = Rechtsgrundsatz für die Annahme und Führung von Wappen. Nach § 12 BGB kann jeder Bürger des Bundesrepublik Deutschland ein neues Wappen annehmen, das nach Eintragung in eine halbamtliche → Wappenrolle schutzwürdiger Bestandteil des Familiennamens und im Zusammenhang mit diesem im Mannesstamm vererbbar ist.

Wappenschild (der) → Schild.

Wappenrolle = → Matrikel von Wappen, die ursprünglich von offiziell bestallten → Herolden geführt wurde.

Wappenzelt = → Wappenmantel, der aus einer Zeltkuppel herabfällt und auf der gewöhnlich eine Krone ruht.

Wardein = Münzprüfer, Schätzer.

Wasenmeister = Abdecker, Schinder.

Weist(h)um = seit dem 13. Jahrhundert schriftlich niedergelegte Rechtsgrundsätze (ähnlich dem → Burgfrieden) für das Zusammenleben von Bürgern, auf das sie durch Anfrage durch Rechtskundige "hingewiesen" wurden.

Zehnt = eine Steuer, bei der - wie die Bezeichnung schon ausdrückt - der zehnte Teil des Ertrags (der Ernte) in die Zehntscheune der Herrschaft abgeliefert werden mußte.

Zehnte Pfennig = Besitzwechselsteuer, die im Falle des Wegzugs eines Bürgers aus der Herrschaft fällig wurde, wobei 10% des gesamten veräußerten und mitgeführten Vermögens erhoben wurden.

Zehnter = Beauftragter des → Kell(n)ers oder → Schaffners, der den → Zehnten einsammelte bzw. ermittelte und an Ort und Stelle seine Auswahl unter den Früchten, Garben und Tieren traf oder im Weinberg den Anteil Most in Empfang nahm.

Zeiner = Korbflechter.

Zengener = Zangenschmied.

Zensiten = Steuerpflichtige, die z.B. zur → Schatzung herangezogen wurden.

Zerenner = Eisenschmied.

Zinsmeister = Einnehmer, der die städtischen Geldzinsen und ähnliche Einkünfte (→ Bede) wie auch die Beischaffung von Kontributionslieferungen zu besorgen hatte.

Zöllner = erhoben die Verkehrsabgaben an den Stadttoren, Brücken etc.

Zwirner = Fadenmacher.

Wir sind Spezialisten und arbeiten preisgünstig!

Unsere erfahrenen
Heraldiker forschen nach alten oder entwerfen
Ihr neues Familienwappen,
Historiker übernehmen Forschungsaufträge,
Autoren schreiben Ihre Familien- und Firmen-Chronik,
Drucker und *Buchbinder* stellen anspruchsvolle Bücher her,
Glaskünstler gestalten farblichte bleiverglaste Wappenfenster

VERLAG DR. PIES

D-45549 Sprockhövel, Mettberg 18,
Tel. (02 02) 52 36 96 • Fax (02 02) 52 71 78
http://home.t-online.de/home/piesverlag
email: piesverlag@t-online.de

Genealogisch-heraldische Publikationen im
VERLAG E.& U. BROCKHAUS • SOLINGEN
An den Eichen 3 a, D-42699 Solingen
Tel. (02 12) 65 87 29, Fax (02 12) 65 87 99
http://www.brocon.de/brockhaus - mail @brocon.de

Eike Pies
Abenteuer Ahnenforschung
Das praktische Handbuch für Einsteiger und Profis
164 Seiten mit 61 Abb., Hardcover, ISBN 3-930132-01-X
2. Auflage 1999, DM 36,00 (sfr 30,60 - öS 260), Euro 18,40

Eike Pies
Aktuelle Adressen und Informationen
für Familienforscher
Archive - Verbände - Vereine in der Bundesrepublik
Deutschland und für die ehemaligen Ostgebiete
Stammausgabe mit jährlichen aktuellen Ergänzungslieferungen,
Loseblatt im Spezialordner - **jetzt auch lieferbar als CD-ROM -**
ISBN 3-930132-00-1, DM 60,00 (sfr 52,00 - öS 420), Euro 30,70

Eike Pies
Ahnentafeln und Stammblätter
Praktische Vordrucke für Familienforscher
12 Ahnentafeln im DIN-A3-Format einseitig bedruckt und
240 Stammblätter doppelseitig bedruckt, Loseblatt gelocht
ISBN 3-930132-02-8, DM 21,00 (sfr 18,00 - öS 140), Euro 10,75

Bibliothek für Familienforscher

Gedruckt auf säurefreiem, alterungsbeständigem Papier

Herausgegeben von Dr. Eike Pies im

VERLAG E.& U. BROCKHAUS • SOLINGEN

Eike Pies

Zünftige und andere alte Berufe

[Bibliothek für Familienforscher Bd. 1]
238 Seiten mit 222 Illustrationen und Zunftwappen,
2. erweiterte Auflage, Hardcover, ISBN 3-930132-07-9,
DM 58,00 (sfr 47,00 - öS 406), Euro 29,70

📖

Georg Rixner

Turnierbuch

Reprint der Prachtausgabe Simmern 1530
mit einer Einleitung von Willi Wagner
[Bibliothek für Familienforscher Bd. 2]
860 Seiten mit zahlreichen Abbildungen,
limitierte Auflage von 500 Exemplaren, ISBN 3-930132-08-7,
DM 380,00 (sfr 304,00 - öS 2660), Euro 194,30

📖

Eike Pies

Neues Bergisches Wappenbuch
bürgerlicher Familien

Heraldik - Genealogie - Bibliographie
Bibliophile Originalausgabe in 2 Bänden mit Schuber,
limitierte Aufale von 150 Exemplaren,
Textband XXIV und 352 Seiten,
Tafelband von 162 Seiten mit 894 Wappen (davon 96 vierfarbig)
ISBN 3-930132-09-5,
DM 290,00 (sfr 245,00 - öS 2040), Euro 148,30

Kulturgeschichtliche Bücher im
VERLAG E.& U. BROCKHAUS • SOLINGEN

Eike Pies

Der Mordfall Descartes

Dokumente - Indizien - Beweise
Bibliophile Erstausgabe, 150 Seiten mit 28 Abbildungen,
Hardcover, ISBN 3-930132-05-2
DM 46,00 (sfr 46,00 - öS 360), Euro 23,50

Eike Pies

Pillen, Pulver und Tinkturen

Kleine Kulturgeschichte des ärztlichen Rezeptes
240 Seiten mit 87 Abbildungen, Hardcover, ISBN 3-930132-04-4
DM 29,80 (sfr 25,60, öS 219), Euro 15,25

Eike Pies

Goethe auf Reisen

Begegnungen mit Landschaften und Zeitgenossen
mit über 200 zeitgenössischen Stichen
Bibliophile Ausgabe, im Format 34 x 24 cm,
124 Seiten mit 216 Abbildungen, Hardcover, ISBN 3-930132-11-7
DM 68,00 (sfr 56,00 - öS 500,00), Euro 34,75

Eike Pies

Grenzenlos

gruppe rbk - Kunst und Künstler 1946-1996
164 Seiten mit 95 z.T. farbigen Abbildungen, Hardcover,
ISBN 3-930132-06-0, DM 29,80 (sfr 25,60 - öS 210), Euro 15,25

Barbara Woelke

Geschenk des Himmels - Fluch der Götter

Kleine Kulturgeschichte des Feuers
und die Sammlung Jürgen & Gudrun Abeler
164 Seiten mit 95 z.T. farbigen Abbildungen, Paperback,
ISBN 3-930132-03-6, DM 29,80 (sfr 25,60 - öS 210), Euro 15,25

Fordern Sie unseren aktuellen Verlagsprospekt an

VERLAG E.& U. BROCKHAUS • SOLINGEN

An den Eichen 3 a, D-42699 Solingen

Tel. (02 12) 65 87 29, Fax (02 12) 65 87 99

http://www.brocon.de/brockhaus - mail @brocon.de